DIGITAL
FINANCE

金融科技的中国时代

数字金融12讲

黄卓　王海明　沈艳　谢绚丽　主编

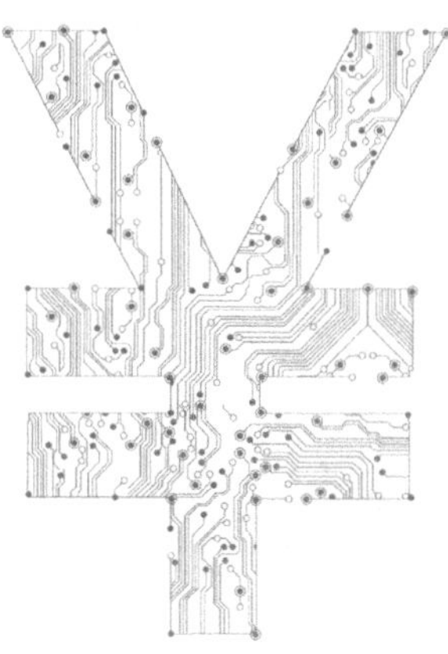

中国人民大学出版社
·北　京·

主编简介

黄　卓　北京大学数字金融研究中心副主任、北京大学国家发展研究院副教授

王海明　北京大学数字金融研究中心常务副主任、上海新金融研究院执行院长

沈　艳　北京大学数字金融研究中心副主任、北京大学国家发展研究院教授

谢绚丽　北京大学数字金融研究中心高级研究员、北京大学国家发展研究院副教授

编　委

郭　峰　熊　静　郗　岳　全淑琴　任　洁

曹鹏程　刘子琪　臧子明　陈　林

北京大学数字金融研究中心
新金融书系简介

北京大学数字金融研究中心是由北京大学中国社会科学调查中心、上海新金融研究院和蚂蚁金服集团共同发起的研究机构，目前挂靠北京大学国家发展研究院。

自成立以来，中心研究人员已经独立或联合开发、发布了四个互联网金融方面的指数，并开展了关于数字技术推动普惠金融的实践、个人征信体系的建设、商业银行应对互联网金融转型的策略、个体网络借贷平台的风险、大数据金融等多项课题研究，发表学术论文数十篇。此外，中心支持 *China Economic Journal* 出版了关于互联网金融研究的专刊。

中心创设的“北京大学数字金融研究中心新金融书系”，专注于数字金融、普惠金融和金融改革等领域，力图打造兼具理论、实践、政策价值的权威书系品牌。

“新金融书系”源于中国金融四十人论坛旗下的上海新金融研究院（SFI），论坛旗下的北方新金融研究院（NFI）和北京大学数字金融研究中心也相继创设新金融书系，丰富了“新金融书系”的品牌内涵。

序　言

《金融科技的中国时代：数字金融 12 讲》一书共收录了 12 位专家、监管部门官员以及有关企业管理人员 2016 年秋季学期在北大“互联网金融讲座课”和清华“中国金融实务课堂 3——互联网金融”的演讲稿。北京大学数字金融研究中心的同事将书稿交于我，希望能写一篇序为本书作一点介绍。坦率而言，受命之时是有点勉强的，私下思量为书作序似乎总要说些好话，这就难免落俗了。如果要提出批评意见，一是自己并非这方面真正的内行，在数字金融方面根基不深，知之不多，实在不敢妄言；二是有些该说的话已在不少场合说过若干次，再说似有重复之嫌。但读完书稿之后，还是觉得有些话可讲。

首先，这 12 位演讲者既有来自互联网业界的，也有来自央行以及银监会的；既有擅长于实务操作的，也有下功夫于数字金融、互联网金融理论探索的。看了他们的演讲稿，感到本书的内容确实是多视角、多维度的。这在一定程度上可以避免或减少人们对数字金融这一话题的单向思维和形而上学的认识。在当下，这是非常紧要的事情。

其次，也许是在著名高校演讲的缘故，可以看出这 12 位演讲者都是作了认真备课的。有的演讲者搜集了大量的国内外资料和数据，有的演讲者对自己公司的发展经历和切身体会作了认真的思考和分析，还有的演讲者对数字金融下一步发展可能面临的问题以及监管部门应该采取的措施提出了自己的看法和建议。尽管我个人对有些演讲者的部分观点并不完全赞同，但我由衷地感到，他们是经过了认真思考的，他们的观点是值得重视的。这些演讲比有些朋友赶场子式的在这个论坛上讲一讲、在那个峰会上说一说，要有价值得多。

另外，看着这本书稿，我也感到北京大学数字金融研究中心、清华大学经管学院、中国金融四十人论坛以及人人贷商务顾问（北京）公司确实是做了一件很有意义的事情。给研究生们如何开设、怎样讲授立足当今、面向未来的课程，如何给这些年轻人更多的了解实际、接触前沿的机会，一直是高校不断致力解决的难题，祝贺你们取得了成果。在这里也应该向北大国发院黄益平教授、沈艳教授、黄卓副教授、谢绚丽副教授以及中国金融四十人论坛的王海明秘书长等表示敬意，你们的不懈努力已经取得了值得称道的成果，相信你们的努力会让更多的年轻人获益。

杨凯生

2017 年 5 月 30 日

目　录

DIGITAL FINANCE

第 2 讲　纪志宏

互联网金融的发展与监管探讨

第 3 讲　李文红　蒋则沈

金融科技的发展与监管：一个监管者的视角

第 4 讲　黄金老

互联网金融的特色、挑战与发展使命

第 11 讲　张适时

网络借贷的发展与未来

第 12 讲　徐红伟

网络借贷及外围生态发展趋势

第 1 讲

DIGITAL FINANCE

金融业的科技进化历程

2016 年 9 月 28 日

万建华

万建华，北京大学数字金融研究中心学术顾问，上海市互联网金融行业协会会长、上海新金融研究院顾问。曾任上海新金融研究院首任理事长。20世纪80年代中期至90年代初任职于中国人民银行总行，后加入招商银行，先后担任总行副行长、常务副行长。2001年主持筹建中国银联，为首任中国银联董事长、总裁。2007年任上海国际集团总裁。2010年至2015年5月任国泰君安证券董事长。

曾就读于厦门大学金融系、中国人民银行总行研究生部和澳大利亚国立大学。主要著作有《现代公司理财》《商业银行战略管理》《商业银行专家管理》《金融e时代》等，是当前国内金融科技和互联网金融创新的主要倡导者。

中国的互联网金融实践是近三四年开始的，国际上也差不多。“互联网金融”是中国在数字金融实践中创造出来的名词，美国将基于信息技术和互联网技术的金融创新称为“金融科技”（FinTech），英国则将类似的业务称为“补充金融”（Alternative Finance）。

我国当代的金融创新基本上都跟科技发展有重要的关联。例如，招商银行之所以能从一个创立于蛇口、默默无闻的小银行，快速发展壮大并跻身于国内资产规模、利润都处于行业前列的商业银行，甚至一度成为中国最有品牌价值的商业银行，主要原因就在于坚持创新，而这些创新都与科技运用紧密相关。20世纪90年代，招商银行在国内率先推出一卡通，一张卡可以涵盖各种期限、各种货币的存款，这在当时还普遍使用纸质存折的时代，具有颠覆性创新的意义。再如，2001年筹建中国银联时，我们率先提出开创中国的支付产业。时至今日，中国银联已经成为一个国性际的支付品牌，中国支付产业的规模已经相当庞大。

下面内容分两个部分，第一部分是关于互联网金融的认识，即互联网金融的基本内容、基本知识。第二部分回顾近十年科技与金融的关系，重点是科技如何推动金融变革、金融进化。

一、关于互联网金融的几点认识

（一）互联网金融的定义和细分

2015年7月，中国人民银行联合工信部、公安部、财政部、国家工商总局、国务院法制办、银监会、证监会、保监会和国家互联网信息办公室十部委提出了《关于促进互联网金融健康发展的指导意见》（简称《指导意见》），意见里给出了互联网金融的"权威"定义："互联网金融是传统金融机构与互联网企业利用互联网技术和信息技术、通信技术实现资金融通、支付、投资和信息中介服务的新型金融业务模式。"这个定义既包括新兴互联网企业从事的金融业务（互联网金融），也包括银行、证券、保险等传统金融机构通过互联网开展的金融业务（金融互联网），所以称之为广义的互联网金融。事实上，我们谈互联网金融，更多的时候是在谈互联网金融企业，即电子商务企业、第三方支付企业、P2P等基于互联网技术开展金融业务的企业，这就是狭义的互联网金融。毫无疑问，互联网金融本质上还是金融，它只是利用互联网技术、互联网平台进行了很多金融创新，其金融的核心属性——中介性、风险性并没有改变。

互联网金融业务的种类很多，第一类也是最早的互联网金融业务，即互联网支付。早期的支付是由商业银行完成的，商业银行的三个主要业务——存、贷、汇中，汇就是指支付。互联网支付，则是通过计算机、移动终端等电子设备，依托互联网发起支付指令，转移货币资金的服务。支付宝、微信支付、二维码扫码、网关支付以及各种基于互联网的代扣代缴都是互联网支付，有些支付业务后来分立演化成独立的第三方支付机构。可以说，从独立的第三方互联网支付业务开始，互联网金融才算真正浮出水面。互联网支付业务和第三方支付机构都是由央行审批、发放牌照，也是由央行负责监管。

第二类是网络借贷，包括个体网络借贷（P2P）和网络小额借贷。P2P 是个体之间通过互联网平台实现的直接借贷，P2P 平台只是借贷信息中介；网络小贷是小贷机构用自有资金通过互联网平台发放小额贷款。2016 年 8 月份出台的《网络借贷信息中介机构业务活动管理暂行办法》规定，P2P 机构本身不能直接做自营借贷，不能建独立的资金池。小贷公司则用自有资金发放贷款，与 P2P 严格区分。网络借贷由银监会负责监管。

第三类是股权众筹，即通过互联网的方式进行公开的小额股权融资活动，由证监会负责监管。

第四类是互联网基金销售，也是由证监会发放牌照。互联网平台拿到牌照以后，可以不限于公募基金的销售，也可以销售合规的金融理财产品和私募产品。因此，这个牌照非常有价值。

第五类是互联网保险，由保监会监管。大家熟知的众安保险就是互联网保险公司，由“三马”——阿里巴巴马云、平安马明哲、腾讯马化腾合办。

第六类是互联网信托，即通过互联网平台开展信托业务，销售信托产品，由银监会监管。

第七类是互联网消费金融，即通过互联网平台开展消费金融业务或分期付款消费业务，由银监会负责监管。互联网消费金融业务目前发展非常快，互联网金融机构、第三方支付公司、持牌消费金融公司和商业银行等传统金融机构都有涉足。并且，其市场潜力和空间非常大，不断有各种消费金融产品涌现，也代表着未来互联网金融的发展方向。

（二）互联网金融的发展过程与特点

互联网金融伴随着电子商务的兴起应运而生，没有电子商务就没有互联网金融；而互联网金融又基于互联网平台的可延伸性扩展业务规模和业务种类。可延伸性是我提出来的概念，它与后面要讲的“金融跨界”紧密相关。形象的理解是，在互联网平台上做完一项业务后，可以派生出另外一项业务。我们可以通过重点分析支付宝案例，探究一下互联网金融的起因与发展，并理解平台的可延伸性。

阿里巴巴集团旗下的支付宝是当前具有代表性的互联网金融机构，它的母公司是蚂蚁金服。支付宝的由来是什么？一开始，支付宝并不是一个互联网支付机构，仅仅是支持淘宝开展电子商务的支付工具。淘宝最初设立时，由于没有一个很好的支付方式，业务很难展开。那时，电子商务都是线上下单线下支付，也就是收到货物后用现金支付，非常不方便。为此，马云专程来银联探讨如何解决淘宝的支付问题。当时银联刚成立一年多，正在努力布局银联的线下商户受理，银联卡也只是线下支付的工具，线上支付业务还没有开展。当时银联给出的回答是“我们来研究帮你解决”，并且提示美国有一款产品 PayPal，是配合 eBay 的线上支付工具。马云了解到银联当时本身也没有线上支付工具，就转身自己去研发支付产品了。很快，阿里巴巴就推出了支付宝。

支付宝的成功之处在于，并非完全照抄 PayPal，而是结合中国的情况进行一定的改造。在发达国家，人们信用较好，只要收到货马上就会付款。而在中国，商家送完货品，最后不一定能拿到货款。支付宝根据中国国情所做的创新是开设虚拟账户和担保交易，消费者确认商品收到后，由支付宝付款到商家，此举让支付宝的业务很快发展起来。

支付宝最初作为解决淘宝支付问题的工具而诞生，在阿里巴巴集团内部是作为一个产品部门而存在的。到了 2007 年，支付宝扩展服务机构的范围，它从阿里独立出来成为第三方支付机构，不仅支持淘宝，也支持其他电商。从一个内部的支持部门变成一家独立的支付企业，这次扩展对支付宝来说是质的变化。

2010 年，在支付的基础上，支付宝尝试开展网络小贷业务；2013 年 6 月，支付宝与天弘基金联合推出“余额宝”，这一颠覆性的金融创新成为互联网金融发展史上具有里程碑意义的标志性事件。当时，天弘基金只是公募基金中规模最小的一只“丑小鸭”，跟支付宝结合后，转身就变成“白天鹅”。短短六个月内，天弘基金的资产规模累计达到 8 000 亿人民币。对比来说，商业银行等传统金融机构，从创业到累计 8 000 亿人民币的资产规模至少需要 15 年，而余额宝在不到一年的时间就实现了，互联网平台的神奇效应在这里得到了充分的证明。

很快，支付宝业务规模的快速扩张和业务创新品种的迅速增加，导致了基于互联网平台开展综合金融服务的蚂蚁金服集团从阿里巴巴分拆。蚂蚁金服集团旗下的业务和机构包括支付宝、支付宝钱包、余额宝、招财宝、蚂蚁小贷、网商银行、众安保险、天弘基金、恒生电子、芝麻信用、国泰财险等，逐步向全能型综合金融服务集团迈进，目前估值已超过600亿美元。作为一个还未上市的互联网金融机构，这是非常了不起的事情。

2014年支付宝推出二维码扫码支付，完成由线上到线下的全支付功能覆盖，支付宝也成为类似于运通银行发卡＋银联转接收单的全功能支付品牌机构。我们知道，支付行业有两种业务模式，一种是Visa、万事达、银联的品牌模式，三者发放涵盖大部分商业银行和支付机构、支付品牌的银行卡、信用卡。另一种是美国运通、Discover、Diners Club的模式，它们本身是商业银行，可以直接做信用卡业务，也有自己的支付品牌。某种程度上支付宝和微信支付都类似于“信用卡＋支付品牌”的机构，也就是类似运通的模式。它们绕掉了所有规则，没有依据任何法规，但也没有违反任何法规，通过技术创新实现了业务范围的扩展。

通过支付宝的例子，我们可以归纳出整个互联网金融的起因和发展路径。第一，互联网金融伴随电子商务的兴起而诞生。例如，淘宝派生支付宝，腾讯派生财付通，百度派生百付宝，京东派生京东白条，苏宁派生易付宝，小米完成并购支付公司，红星美凯龙分设家金所等。其中，京东白条的设计巧妙绕开了一些金融监管法规，一定程度上实现了相当于信用卡的功能，这点非常有创新意义。

第二，互联网金融基于大流量电商基础，在互联网支付平台上不断延伸互联网金融业务。大的电商公司基本上都是做完电商做互联网支付，然后由互联网支付延伸做其他互联网金融业务。

第三，互联网金融的发展需要持续的技术创新、产品创新、模式创新。虚拟账户、网络小贷、余额宝、微信红包、京东白条、供应链融资、二维码支付等，不断的创新促进了互联网金融的发展，也促进了金融本身的变革。

第四，基于互联网平台的可延伸性，通过不断创新、规模扩张与价值的持续增强，我们基本可以总结出互联网金融的发展路径：电子商务→互联网支付→互联网金融→综合金融服务→全能型金融服务集团。

再来看看互联网金融的主要特点。第一个特点，互联网金融伴生于电子商务平台。其一，互联网商务平台是一种轻资产形式的虚拟营业场所。其二，电子商务一旦以独特的商业模式确立在互联网商务领域的一席之地，具有一定规模的用户基础和流量之后，都会延伸进入互联网金融领域，实现电商与金融的一体化运营。阿里巴巴、腾讯、京东、苏宁、国美、百度、万达、小米、乐视等电商企业莫不如此。电商与金融的融合，是提升电商市场竞争力的客观要求。其三，互联网电子商务必须以网络支付为实现条件，而网络支付则为网络金融提供了可延伸性平台。

第二个特点，跨界性。其一，跨界性源自互联网商务平台的可延伸性。实体经济产业界限分明，难以逾越；虚拟经济产业界限模糊，通过界面切换，可以轻松实现电商与金融的交易跳转。其二，金融是具有高附加值的专业领域，值得电商企业开发金融业务。电商跨界做支付；支付平台可做各类互联网金融，提供综合金融服务。其三，互联网金融借助电商的客户和流量规模，不断开发业务种类，进化成长。其四，主流金融机构相互跨界。借助互联网平台，商业银行、证券、保险等金融机构都可以相互跨界做支付、网贷、金融理财和财富管理，提供一站式综合金融服务。其五，金融机构相互跨界，加速金融混业发展趋势。

第三个特点是广泛连接。广泛连接对互联网平台、金融平台和电商平台意义非同小可。在互联网上一个不连接的平台形同孤岛，没有任何意义。不断的连接可以带来互联网产品及服务的各种可能，实现用户与流量指数化扩张，并且能够实现双赢和多赢，大家互为客户，互为资源。连接越多、流量越大，平台的资源越丰富，价值越高。总之，连接就是资源，连接就是价值。

第四个特点，得账户者得金融。这是互联网时代的独有特征。以前的金融账户与其他业务的开展没有什么太大关系，基本只有存款作用。互联网金融时代的账户，首先是个人、机构货币财富和金融资产的根据地、大本营。其次，是消费与投资的出发点和归属点。再次，账户本身就是经营单元，可根据数据进行定制营销。最后，谁拥有用户账户体系，谁就掌握金融资源。实际上，各种类型的电子钱包就是电子账户的实现形式，都是基于账户钱包实现扫码支付。支付宝和微信支付都是在快速扩张钱包账户的基础上迅速增长交易规模。

第五个特点，互联网金融通过不断延伸、不断跨界构成了互联网金融生态，各种金融产品和增值服务在平台上延伸成长。支付、电商、网贷、众筹、理财、信托、咨询服务等，形成互为依存的生态环境，相互促进，一站服务。一种业务种类中又可以分化出很多，随着人工智能、大数据、区块链等创新业务的开展，互联网金融生态在未来肯定会越来越丰富。

第六个特点，普惠性。首先，互联网金融服务的普适共享与低成本本身体现了普惠性；其次，互联网可以超越实体经济的地域空间阻隔，提供无差别的普惠金融服务。

第七个特点，跟电子商务产业的特点相似，即赢家通吃，强者更强，具有更强的垄断性。这是因为，第一，互联网商务的先发者占尽入口优势，形成路径依赖，互联网金融同样如此；第二，先发者在取得连接、流量、收入优势的条件下，辅以基础服务免费或低价，阻击后来者；第三，先发者迅速构建生态圈，提供价值链综合服务，提高新进入者的门槛。我们熟知的蚂蚁金服、微信支付等都是强者恒强的代表性例证。

（三）互联网金融的监管与发展前景

关于互联网金融监管，互联网金融业务很多属于从无到有的创新，目前没有相应的系统性规则、法规来规范其发展。

第一，我们要正确认识互联网金融的作用和风险。过去一段时间，互联网金融领域出现了很多风险事件。e租宝实质上就是线下非法集资，但打着互联网金融的旗号；一些P2P机构违规拿用户资金做网络借贷。目前，监管法规已经明确P2P不能建立资金池，只能提供平台让用户自己撮合交易。如果P2P想要自己放贷，就要成立网络小贷公司。另外，十部委联合发布的《指导意见》已经明确了互联网金融作为新型金融业务模式的地位，2014—2016年连续三年的政府工作报告都将互联网金融纳入其中，2015年的报告明确提出“推动互联网金融健康发展”，到了2016年，政府工作报告上的措辞已经表述为“规范发展互联网金融，大力发展普惠金融和绿色金融”。值得一提的是，央行副行长潘功胜在今年两会期间表示，互联网金融对于提高金融效率、降低交易成本、提高金融的普惠性水平都发挥了积极作用，但也存在很多问题和风险，因此有必要进行规范及清理整顿。

第二，互联网金融的确存在一些问题。据“网贷之家”截止到 2016 年 1 月的统计，全国目前正在运营的网贷机构共有 3 917 家，其中问题平台达到 1 351 家，约占全行业机构总数的三分之一。因此，净化互联网金融机构体系是互联网金融发展的必然趋势。

第三，互联网金融的监管框架和监管举措。首先，十部委《指导意见》按照“依法监管，适度监管，分类监管，协同监管，创新监管”的原则，确立了互联网支付、网络借贷、股权众筹、互联网基金销售、互联网保险、互联网信托和互联网消费金融等互联网金融主要业态的监管职责分工。其次，《指导意见》颁布后，央行、银监会、证监会、保监会等监管机构陆续出台有关实施细则。2015 年 7 月，中国保监会出台了《互联网保险业务监管暂行办法》，规范了互联网保险业务的行为。8 月，中国证监会下发了《关于对通过互联网开展股权融资活动的机构进行专项检查的通知》，规范了股权众筹融资行为。12 月，中国人民银行出台了《非银行支付机构网络支付业务管理办法》和《关于改进个人银行账户服务 加强账户管理的通知》，分别明确了银行和支付机构个人账户管理的要求。2016 年 8 月，中国银监会、工业和信息化部、公安部、国家互联网信息办公室制定并出台了《网络借贷信息中介机构业务活动管理暂行办法》，明确了 P2P 的信息中介定位。各地政府也都陆续出台了本地互联网金融健康发展的政策指引。2015 年 8 月 6 日，上海成立互联网金融行业协会，同日该协会发布了《上海个体网络借贷行业（P2P）平台信息披露指引》。2016 年初，北京、上海、深圳等地都分别暂停了互联网金融机构的注册登记。中央政法工作会议提出，政法部门将配合有关部门开展互联网金融领域专项整治，推动对民间融资借贷活动的规范和监管等。

最后，关于互联网金融的发展前景。我的认识主要有三点。其一，互联网金融创新了金融的服务方式，丰富了金融服务种类，提高了服务效率，改进了客户体验，代表了未来金融发展的方向。其二，互联网金融的本质是金融，互联网金融与传统金融日益融合是金融发展的更高阶段和更高境界。其三，当前互联网金融机构一哄而起、泥沙俱下，必须加强金融监管，完善监管制度，规范互联网金融行为和市场，这是维护互联网金融健康发展的关键。

二、科技变革金融的历史必然

今天讲的第二部分是关于科技变革金融的历史必然性，回顾当代中国金融变革的原因。

我在著作《金融 e 时代》里曾提出一个观点：信息技术与金融有着相同的基因，而这个基因就是数字。如果延伸来说，信息技术始终是驱动中国金融发展和行业格局变革的基本力量。

2000 年我在招行任常务副行长的时候，给行内业务骨干们上过一节培训课，主题是“展望 21 世纪的金融”。后来这节课的内容整理成一篇一万多字的文章，作为我的另一本著作《商业银行战略管理》的导言。在写《金融 e 时代》的时候，我重读这篇文章，发现十几年前的预测跟今天的现实完全吻合，因此我又把它收录在书里。我在文章中提出，中国金融变革的两大基本力量，一个是改革，即经济、金融体制改革；另一个就是信息技术。

（一）互联网金融的内涵和积极意义

在回顾科技对金融变革的历史性作用之前，我们首先看看互联网金融的内涵和积极意义。

第一，互联网金融对传统金融有三个层面的革新。一是交易技术的进步。信息技术、互联网络、大数据等技术手段，可以优化体验、提高效率。二是交易结构多样化。新型交易技术可以丰富金融业务和产品的类型、渠道，如 C2C、B2C、B2B 等。三是金融权利契约关系重构。借助于技术和结构的多样化，金融消费者可以获得更广泛的自由选择权和参与权。金融从传统的高大上领域走出来，渐渐社会化、民主化，最后融入整个社会经济当中。换句话说，互联网金融使得金融业务得以延伸、跨界，最后走上无界。

第二，互联网所构建的无所不在的信息网络，数据处理的快速、准确，开放、平等、分享和协作的互联网精神，催生了新的互联网商业逻辑。从金融领域看，这个逻辑体现为：(1) 关注创新；(2) 关注账户规模及其构成；(3) 关注平台与渠道；(4) 注重平台开放性，连接就是资源，流量就是价值；(5) 关注用户体验，需要机制来实现；(6) 关注海量用户；(7) 重视大数据开发运用，不断丰富业务内涵。

第三，互联网金融的比较优势。一是降低金融交易成本；二是无物理网点；三是信息比较充分；四是平台的跨界性；五是无所不在的服务范围；六是规模化复制产生的高效率。

第四，互联网金融推动金融体系变革、进化。一是互联网金融已经产生了促进竞争、推动整个金融体系创新转型的改革效应，传统金融机构最初由看不起互联网金融到以变应变。二是互联网金融跨界创新，扩展了金融范围，从外延上，丰富了金融产品、金融服务乃至金融机构的多样性。三是互联网金融促进金融深化，发展普惠金融，促进金融资源的市场化配置。四是推进金融体系的综合化、全能化趋势，前台演化成“一户通”“一账通”“一卡通”等“一站式”综合金融服务，后台整合为集中式综合业务处理平台。

（二）科技对传统金融变革的历史作用

接下来，我们看看科技对传统金融变革的历史作用。从当代金融的发展历程看，20 世纪 80 年代以来，金融科技的持续影响经历了三大阶段：初期，对银行业务处理效率的提升；中期，金融机构服务和产品的创新；现期，新金融普遍兴起，传统金融全面变革。

我们越来越清晰地看到金融科技对传统金融的历史性颠覆作用。

第一阶段的典型特征，技术替代手工。80 年代到银行存款，还需要按姓氏笔画把账户卡片从一个木制转盘中抽出来，计算并填写客户今天存多少钱，再插回去。而今天已经利用计算机存储代替了这种账户，大大提高了金融业务的数据计算、存储和传输的效率。现在，机构内部系统将总部和各分部全面连接，实现总分机构金融业务的一体化运营。此外，金融业务实现了实时的跨时空交易。如果去美国旅游购物，所有交易当时就可以全部完成。通过网络连接，众多第三方金融机构一起运营整个金融生态，实现了一卡在手走遍全球的愿望，网络连接的非凡意义就在这里。

第二阶段的典型特征，科技角色发生变化。科技对金融反客为主，由工具的被动角色转变为驱动金融变革的基本力量。它以其延伸性、跨界性、创新性，构建了金融场景，并不断地丰富金融生态，使得电子商务平台模糊了金融边界，实现从跨界到无界。它对传统金融机构带来的变革效应，使得各类金融机构以互联网方式开展业务转型，提供综合性服务。例如，全球第一个做虚拟账户的是 PayPal，有了支付平台以后，PayPal 就开始不断进行业务延伸和产品跨界，产生了移动金融、网络借贷、金融产品销售、网上理财、一站式金融服务。

第三阶段，科技推动金融的全方位变革。在第二阶段，科技反客为主，创新出场景和生态，金融开始民主化、社会化和自金融化。但这只是科技改变金融的开始，积累到一定阶段，量变产生质变，科技会使整个金融行业发生全方位的变革。传统金融已经面目全非，互联网金融、金融科技等新金融已全面兴起，未来还有大数据、人工智能、区块链等。一旦金融科技将来成为主流金融模式，传统金融就会被边缘化。第一，虚拟交易逐渐替代现实交易，账本、手工计算工具消失，柜台、网点迅速减少。第二，金融业务的产品化、证券化、交易化、平台化，降低了交易成本，正在不断地替代传统的“存贷”的业务方式，成为金融活动的主流模式。第三，电商企业构建场景化的互联网金融的情形越来越多，如微信支付、微信红包、供应链金融、京东白条、主题众筹、消费金融等都是创新的场景化业务。第四，金融科技构建金融生态。原来在一个机构内部的业务分类拆分出独立的业态，如第三方支付、网络借贷、P2P等；原来一项业务在机构内部的流程被分解为外部的生态，如身份认证、平台交易、智能投顾、大数据风控、IT运营服务等。第五，金融服务的边界日益模糊，领域不断延展。第六，一站式金融服务大行其道。第七，金融服务的便利化大幅提高，可以随时、随地、随身获取各类金融服务，金融机构网点数量将由增转降。第八，自金融、普惠金融快速推进。

几百年的金融在短短几十年里发生了根本性、颠覆性的变革。由此进一步推理，科技变革金融是历史趋势，同时也是渐进发展和角色演进的过程。金融与经济逐渐融为一体，如影随形，你中有我，我中有你；金融科技的替代效应显现，计算效率高，逐步智能化，低成本，边际成本递减，便捷体验，随时、随地、随身；金融机构作为以信息为基础的资金中介的角色作用逐步下降，更多地成为专业服务的代理中介角色；新业务、新产品、新机构在不断地纳入监管范畴，业务资质许可范围在扩展。甚至，需要从金融生态的角度来重新定义金融机构。

总体来说，20 世纪 80 年代以来，中国金融经历了科技驱动的变革历程，当前这一变革仍在快速推进中。互联网金融、金融科技、大数据金融、人工智能金融、区块链金融等，都应当是未来金融发展的方向。整个社会应当以开放的心态迎接新金融时代的到来，监管部门应当为这个时代的到来和新金融体系规范化健康发展准备条件，切不要扼杀和束缚金融创新。

交流与问答

提问：什么是区块链金融？

万建华：区块链是当前全球金融科技领域的一个热点，区块链金融是区块链技术最有价值的应用领域。它试图构建的是基于分布式云计算网络的互信且真实可靠的金融生态系统。前不久我接触到美国的一家创新科技金融机构 Circle，它的产品成功地运用区块链技术，作为一个货币交换平台，来实现国与国之间的货币汇款。目前，中国也有一批创业企业正在探索将区块链技术运用到金融领域，相信不久就会有一批区块链金融产品投入运用，从而改变当前的金融生态，我们应当积极地迎接区块链金融创新时代的到来。

提问：在实际生活中，交易平台上的大部分券商不乐意自己的优质用户去购买其他机构发起的私募产品，同时有部分机构也不乐意其他机构的用户来买自己发行的高收益率、高流动性的产品。随着互联网金融的技术发展，机构该如何去打破这个屏障？

万建华：举个例子来说明这个问题。银联初创时到一个很大的家电卖场做推广，卖场觉得每天要向银联缴纳交易手续费很吃亏，就不愿意接受银行卡支付。隔壁一家家电卖场由于接受银联卡提高了便利性，交易额实现了翻番。这个案例说明，不用担心机构不使用平台，只要有人使用，平台的规模照样会扩大，甚至会吸引原来不使用平台的机构回头。

提问：在综合性互联网金融服务平台发展的大趋势中，创业企业会有怎样的机遇？

万建华：要想创新互联网金融服务，就需要构建独特的金融场景，这相当于给自己打造了创业生存空间。不是每一个创业企业都能成功，关键在于能不能有自己独特的价值，并构建有自己独特价值的场景和生态。如果能够把传统金融机构业务流程的某个环节，通过技术创新来做第三方专业化服务，我相信创业是有机会成功的。

（整理：曹鹏程、李凯）

第 2 讲

DIGITAL FINANCE

互联网金融的发展与监管探讨

2016 年 11 月 3 日

纪志宏

纪志宏，现任中国人民银行金融市场司司长，先后毕业于中国人民大学、人民银行研究生部和中国社会科学院，分别获得学士、硕士和博士学位。1995 年进入中国人民银行，长期从事宏观经济形势分析、货币政策及金融市场研究以及政策制定工作，在金融市场、货币政策、金融调控、财政税收等领域具有扎实的理论基础和丰富的实践经验。在《经济研究》《世界经济》《金融研究》等权威期刊上发表多篇学术论文。

一、深刻理解互联网金融在中国兴起的特殊背景

互联网金融在中国的诞生与发展有其特定的历史与制度背景。人们（特别是行业从业者）也愿意用“互联网金融”一词来概括他们所从事的这类业态，一方面标榜自身的某种与众不同，另一方面也可能暗示金融监管似乎应该对其另眼相看。具体而言，互联网金融是在我国金融普惠不足、金融市场功能尚不够健全的现实背景下产生并逐步发展的，大体可以从三个方面来分析。

第一，金融市场在我国由计划经济向市场经济转型的过程中尚未发展成型，金融监管对自下而上的金融创新的吸纳和管理能力可能储备不足。一方面，我国金融市场的发展路径和其他国家存在较大差异，股票市场、债券市场、信贷市场的发展都是自上而下地设计规则、制定标准，循“规”蹈“矩”地发展演进。另一方面，多层次的

金融市场发展相对滞后，只要有实际需求，类似债券的金融产品借助互联网金融就会自下而上地产生、发展并壮大，进而借助互联网、P2P、股权众筹等新兴金融模式相继产生。但是对于这类自下而上的金融服务和产品创新，监管方对其的评估、吸纳和管理能力显得不足，制度储备不够，经验也不够丰富。

第二，金融行业由于具有较强的社会性和外部性，各国监管大都实行特许专营的准入管理。但是我国由于退出机制不畅，金融牌照高度稀缺，客观上推高了准入的门槛，一定程度上不能及时适应实体部门对金融的需求。一方面是相对旺盛的需求，另一方面是有限的牌照供给，在形成了一定的金融抑制的同时，也使得诸如零售、房地产、制造等多元主体有开办金融或者“自金融”的兴致和冲动。

第三，传统金融标准体系在业务准入和产品创新方面形成了一定的排斥效应，或者说普惠不足。金融资源的配置存在结构性问题，很多领域充斥着过度的金融服务，个别地方政府融资过多，有些国有部门的融资过多，而另一些领域的融资需求得不到满足，中小企业融资难、融资贵，很多时候依靠民间金融来解决生产中的融资需求。在金融产品方面，比如信贷市场，传统银行往往善于办理标准化程度高的信贷业务，例如成熟的制造业，但面对需求更为多元的服务业、文化产业、农业、战略新兴产业时常会遇到一定的困难。这种自上而下的信贷标准、产品准入标准客观上对多元化的金融需求和交易形成了较强的排斥。虽然金融中介理应克服信息不对称，但是其处理信用风险的能力却经常跟不上实体部门的需求。所以，我国的信贷市场对抵押和担保的要求极高，这说明我们的信息处理能力，或者对信用风险的定价能力还比较弱。这种现象与金融市场所处的转型阶段是分不开的，毕竟我国的利率市场化探索才刚刚开始，市场不能对信用风险进行合理定价，只能依靠抵押品、担保甚至互保这些机制来替代处理信用风险的能力，所以金融排斥的现象也是明显存在的。恰好在这个阶段，互联网金融乘势兴起，并呈现出一种自下而上的演进路径。

实际上，我们强调的普惠更应当从包容的角度来理解，包容性增长是普惠金融的本质。互联网金融有包容性的特征，技术进步能不能完全解决金融排斥是一个有待验证的问题，当技术发展到一定程度时可能在解决普惠金融方面会有新的帮助，或者说具备了更佳条件，而中国很可能正在接近这样一个阶段。包容性增长是发展经济学研究的一个重点，即经济发展追求一种包容性的、更公平的增长，在这种增长中，人人都能平等地从经济增长中分享到属于自己的收入或者好处，各部门获得的金融资源也趋于均衡，各产业在充分竞争下利润会趋于均衡，整个经济体达到一个新的状态。更公平的增长需要更加公平的金融市场体系，这要求现代金融市场体系不断进行反思。

互联网金融的发展是否仅仅是为了弥补传统金融所不能覆盖的业务，这是一个很重要的问题。在互联网金融发展的当下，金融市场存在一个普遍的特征——银行功能的转型，或者可以简单理解为“银行去中介化”。当然也有人认为这是在反思危机以后得出的结论，即要加强对银行的监管。随着对银行监管的加强，大量流动性转移到了监管比较松的领域，很多流动性进入了非银行体系中，这是全球金融市场的发展趋势，最传统的金融中介也在去中介化。因此，在互联网金融发展的背景下，整个金融市场发生了重大变化，大企业不再依靠银行，甚至对传统金融的依靠大大降低，转而发展所谓的“自金融”；小微企业以及小额消费需求则转向了互联网金融。

二、互联网金融的特征及业态模式

基于不同的观察视角，人们总结出互联网金融的诸多表现特征。有的强调互联网的数据特征，有的强调互联网金融的平等性特征，还有的强调互联网金融的普惠特征。但从发展趋势来看，互联网金融的核心特征主要表现为三个方面：一是数字化，二是以客户为中心和基于场景提供服务，三是跨界融合。

具体而言，数字化强调的是互联网金融的底层技术，例如 G20 峰会上，中国政府推动并参与制定的《G20 数字普惠金融高级原则》，旨在倡导利用数字技术推动普惠金融发展。以客户为中心和场景化服务强调的是互联网金融强大的触达客户的能力，正是这种能力赋予了互联网金融第一时间响应客户需求的"前端"黏性。从这个角度讲，那些"等客上门"的传统金融很可能因为与客户的联系越来越弱，不得不在金融服务的链条上有所后移，最终退到金融服务的"后台"。跨界融合强调的是互联网金融具有跨行业、跨领域的特性，业务环节相互嵌套，往往呈现混业经营的特征，对分业监管体制和穿透式监管提出新的要求。互联网金融的这些特性，使得金融与非金融的边界也日益模糊，金融产品或服务主体较难泾渭分明地加以区别辨识。

简单来讲，金融大体可以分为直接金融和间接金融。互联网金融是在中国的特殊背景下被引入的，学术界已经对互联网金融开展了一些研究，有的强调互联网金融的金融属性，有的偏重于其互联网属性。但是互联网金融的模式和发展是动态的，它还远远没有形成一个成熟的、为大家所公认的相对稳定形态，与其意思相近的词也比较多，比如数字金融、移动金融、金融科技等，这些词根植于不同的金融发展和监管环境，游离于直接金融和间接金融之间。从我国的情况来看，可以认为这些概念有其合理性，但是仍需要不断进行拓展和补充。

各个国家也从不同角度对互联网金融的业态进行划分，包括支付、P2P、众筹、资产管理、征信等。支付在中国实现了跨越式的发展，在银行卡还没有充分发展起来的背景下，第三方支付就跨越了银行卡的阶段，提供了便捷的支付服务，迅速占据竞争优势。支付是金融的基础，是一种最基础、最底层、具有基础设施性质的服务，它和一个国家、一个经济体的货币体系及金融发展密切相关。从我国的实践来看，第三方支付的发展，带动了以支付为渠道的各种互联网融资和投资形态的发展。需要指出的是，第三方支付在我国的迅速兴起，一个重要前提基础是移动通信技术与网络的普及和应用，使得用户可以通过移动终端以多种形式触达互联网，移动的便捷性成就了大量新型的应用，产生了多种新型业务模式。这种以技术推动的业务创新，具有明显的所谓互联网金融特征。

三、互联网金融的发展前景取决于其在定价机制和风控能力上能否更进一步

金融市场的核心是解决资产的定价问题。对小额借贷、民间金融的定价一直不是很准确，但却是一个很重要的问题。我们以信贷为例，前面提到传统金融在普惠方面做得不够，一个很重要的原因就是其风险定价能力较弱，不够精细，从而过度依赖抵押、质押手段，当然也有了防范道德风险的合理性。那么互联网金融在定价机制和模式上是否能较传统金融前进一步呢？

首先是定价的逻辑问题。我们说互联网金融面临的核心问题仍然是谁来主导定价和怎么定价。以P2P为例，P2P的价格形成机制是什么？是网贷平台、借款人还是投资人定价？是基于随机性的供需关系定价还是风险定价？这是需要关注的重点。先看供求关系，在某个时点上，假如投资的人多而借款的人少，以供求形成的价格就会比较低，一段时间下来P2P交易就会变得很稀疏，价格变得既不稳定也不连续，甚至无法形成。再看风险定价，如果一家企业想通过P2P平台进行借贷，当风险不能很好地识别和计量时，企业只有愿意出更高的价格才能获得贷款，而项目更好但不愿意出高价的企业很可能会在这个平台上被淘汰，这是逆向选择的结果，很难说最后留在这个平台上的借款人和投资人就是比较适当的。P2P为资金借方和贷方提供了一个价格撮合的平台，但市场上的相互选择变化莫测，均衡价格的形成有赖于足够的市场参与者、持续的调整机制和专业的技术处理能力，单单有平台远远解决不了定价的问题。

虽然传统信贷过度依靠抵押、质押，定价能力薄弱，但从目前来看，P2P平台似乎没有形成清晰、有效的定价逻辑，其通过技术解决信息不对称问题的优势还不明显。

其次，这些平台还需要有合理的机制设计来辅助并优化定价，或者补充进行信用评级。在一个多层次的、比较发达的金融市场，整个金融体系应当有一个高度一致的信用评价标准，通过相互参照，P2P有可能弥补类似小微信贷、消费金融等某些领域的风险定价空白，进而发展壮大。但是在一个缺失合理参照系统的或然世界，P2P的定价机制还需要不断的研究和探索，这与金融市场的发育程度也是同步相关的。我国利率市场化虽然形式上已经完成，但利率定价还远远没有达到可以给一个金融产品比较准确的细分定价的程度，或者说市场还没有能力给出一个比较准确的价格，还不能为互联网金融产品的定价提供相应的参考。

金融市场的另一个非常关键的问题是风险的分散与配置。在风险控制领域，互联网金融区别于传统金融最重要的一个特征在于大数据的相关技术及其应用，这有助于更加有效地识别客户的还款能力甚至还款意愿。在提升风险管理水平方面，互联网金融应当发挥这个功能性作用，同时在投资者适当性、有效分散风险等方面进一步探索。实践中，大数据风控的效果取决于对互联网交易相关信息的甄别和处理能力，我们既不能轻易肯定、盲目乐观，也不应轻易否定其可能的潜力。

一方面，互联网金融在通过大数据改变传统金融的风控方法和对风险判断的能力方面具有很大的潜力，特别是在中国可能有比较大的发展空间。其实在很久以前，我们近代金融的票号、钱庄早已开始尝试通过看“人品、押品、产品”来弥补既有信息的不足，现代商业银行也有看“电表、水表、工资表”的生动实践，借助这种立体、多维的信息来验证和评价借贷主体的信用状况。现代大数据的理念和技术，应该是对历史经验的一种继承和发扬。基于数据化的信息处理能力和弹性拓展的云计算能力，一种能够以更广泛的数据采集、更快速的数据处理、更方便的数据推送来支持风险定价的模式，应该是值得深化和完善的努力方向。但是这方面的技术还在发展摸索之中，相关的数据积累、算法模型还在建立完善中，这些模型的稳定性、可预测性也还有待考察，且没有经历过完整经济周期的验证。

另一方面，依靠现行的货币金融体系，大数据似乎也不能有效解决金融的周期性风险和系统性风险。从1998年的亚洲金融危机到2008年的国际金融危机，系统性金融危机每隔几年、十几年就会发生。在这样的危机面前，大数据似乎也无能为力。

四、探索适应互联网金融业态和有利于服务实体经济的长效监管体系

有人认为互联网金融就是线上的民间金融。民间金融起初是一种熟人之间的金融，中小企业当中有一种放款方式就是关系型借贷，主要依靠圈子，很多民间借贷没有抵押，而是依靠种族、家族或者小范围内的一种其他力量来维护，可能并不需要传统意义上的监管。民间金融到了互联网上，这个圈子急剧扩大，互联网金融通过大数据、云计算等现代信息技术，扩展了传统的商业可行边界和交易可能性边界，实现了质的飞跃，与民间借贷已大不相同。随之而来的监管问题和挑战跟民间金融所面临的监管和挑战已经非常不同，如P2P平台资金挪用和跑路的风险、通过技术手段将平台拆分或变形以规避监管所衍生的风险等。

可以预见，互联网金融带来的最终挑战，仍将是对监管的需求与挑战。从与风险的关系来看，互联网金融有跨界经营的特点，既有不同金融领域之间的跨界，也有非金融向金融的跨界。很多互联网企业直接从事金融活动，金融似乎变得没有门槛，这被视作“金融的民主化”，但事实上并不是所有企业都掌握了互联网金融的风险管理规律，或具备相应的风险承受能力。

从监管的角度看，传统金融都是机构监管，分业监管本来有功能监管的内容，但在演化成机构监管之后，合规金融与不合规金融、合

法金融与不合法金融的边界就变得难以识别，有效打击非法金融的能力大大减弱，而互联网金融跨界经营的特征非常显著，因此做好功能监管更是一项艰巨的任务。现在我们仍然是从分业监管的角度对银行业、证券业、保险业等进行监管。但实际上，P2P、众筹、互联网保险等金融产品之间相互交叉，需要监管层做出适应性调整，进行边界上的改进。此外还有行为监管，即区分以互联网形式从事金融活动的相关行为特征，对非法金融采取相应的措施，加强对金融消费的保护。

能否做到适当监管、怎样做得更充分，需要在监管理念和方式上不断探索和创新。一方面，要按照监管一致性原则，对传统金融和互联网金融采取相同的监管标准和规范，防止监管套利。在这个过程中，要以服务实体经济需求为导向，探索动态适应性的监管机制，加强与市场的沟通，提高监管能力。既要注重发挥互联网金融的优势，也要调整传统金融监管中一些要求过高的指标和规范，或者理念上的偏差与误区，以适应经济与金融发展的实际，逐步做到两者的融合。特别是对传统金融监管中存在的法律规则空白、父爱倾向特征等问题，要进行不断修正完善，提升监管理念和监管水平。

另一方面，互联网金融的发展是自下而上的，所以自律性的监管很可能更有生命力。当然，监管也需要行政规章、司法监管进行配合，提供法律层面、执法层面上的支持。这些监管形式相互配合，才能维护互联网金融的秩序，建立符合经济社会进步需求的监管体系。由于互联网金融仍处于演变的过程中，所以有人特别强调动态灵活的社会监督。我们强调社会监督和网络监测，核心是动用社会的力量、技术的力量进行监督。监管制度的演变对监管对象和治理的形态都有很重要的影响。

此外，要加大对违法违规行为的处罚力度，发挥法律的威慑作用。互联网上也没法外之地。2016 年底，全国各地按照国务院要求开展了互联网金融风险专项整治活动，根据达成共识的业态进行了分领域的专项整治以及跨界监管。从整治的情况来看，从业的机构、人数、业态都比较复杂、多元，动态特征明显，形态也不是十分稳定。在中央和地方明确了 P2P 监管办法之后，很多企业改头换面，向消费金融、供应链金融转化，强化金融的内生供给特征。当然，也有的企业转为服务于金融业的科技公司。P2P 领域存在大量的自我融资、虚标假标现象，资产管理领域也有类似的问题。这些领域只要被纳入监管，其形态就可能发生变化，所以监管面临的挑战依然非常大。为此，一方面，要认真总结互联网金融领域真正具有创新性的元素在什么地方，使之发生正向作用；另一方面，要防止利用互联网金融的概念从事非法金融活动。整治不是最终目的，建立一个长效的监管体系才是关键。

另一个要深入思考的问题，是互联网金融到底给金融体系及其监管带来了什么。在中国金融市场及监管转型深化的背景下，监管面临的挑战会更大。

首先，需要研究互联网金融的复杂性如何给金融体系带来新的挑战，金融风险的状态会不会变化。在资本市场直接融资领域有一个基础性的制度——投资者适当性制度，这是对投资者而言一个最为有利的保护制度；在间接融资体系下则是依靠法定存款保险机制、资本充足机制、风险报备制度等来保护投资者利益。我国的情况则更加特殊，国家信用被隐性担保在其中，对存款人而言具有充分的保护。虽然互联网金融通过技术可以在一定程度上对资产和投资组合的风险进行分层，但大部分投资人可能对风险的认识和承受能力有限，或者风险偏好比较趋同，并不一定能实现风险的有效分配。互联网金融对金融市场，特别是对后发的、尚不成熟的新兴市场经济体正在产生深刻而重要的影响。但是这些影响在宏观上的总结才刚刚开始，比如第三方支付究竟对货币体系、货币供应、货币政策产生了什么样的影响，还缺少系统和深入的研究。典型的例子如余额宝，其创造流动性的内生驱动能力很强，在其规模快速上升阶段已对金融体系的流动性造成了一定的影响。现在金融创新十分发达，包括理财、基金、国债、资管计划等都可能创造流动性，甚至房地产、大宗商品也可能金融化，金融产品创造流动性的同时也具有了货币属性，这对货币政策将产生什么影响、是否需要审慎监管应认真探讨。

其次，需要研究互联网金融通过信息技术的发展能在多大程度上降低传统金融的风险，同时它又会带来哪些新的风险。互联网金融和风险接触的界面非常多，与个人关系比较密切的包括信息安全、账户安全、隐私泄露等风险；宏观层面包括洗钱、恐怖融资、逃税等方面的风险。互联网金融不仅具有传统金融的风险，其中还交织着一些新的风险。这些新的风险很可能会和传统金融的风险相叠加，产生不同于传统金融的风险，这些风险的传播速度非常快，传染性也很强。过去几年，中国已经发生了一系列性质恶劣的案件，通过互联网从事非法集资、投资诈骗等风险事件比比皆是，代表性案件包括 e 租宝、泛亚有色金属交易所、中晋系事件等。整治的意义，是让真正有创新精神、有创新元素的互联网金融企业得到成长，改变“劣币驱逐良币”的现象。

建立长效监管体系暗含的一个前提是承认互联网金融是具有一定特殊含义的金融业务或活动。那么互联网金融的特殊性究竟体现在什么地方？互联网金融和金融本身的活动有很多相似之处，互联网金融监管的长效机制需要依据或者针对互联网金融特殊的状态、特殊的风险因素、特定的组织模式。其理论基础与行为金融学、信息经济学、网络经济学等理论都密切关系，但从技术推动创新的趋势来看，到目前为止，互联网金融仍然是一个非常开放的问题，对它的总结、认识才刚刚开始。

五、数字货币的应用及对经济金融体系的影响有待考察

一种金融形态对应着一种货币形态。货币从实体经济中分离出来，发挥着一般等价物的作用，促进了经济运转效率的提高。在此基础上有很多金融创造，极大地推进了社会经济的发展。在互联网金融形态下，出现了基于区块链接术的加密数字货币。需要思考的问题不仅是金融的问题，还有货币问题。

有人认为区块链技术将成为新一代的互联网金融基础设施的支撑，或者是未来金融市场基础设施的重要支撑。也有人认为区块链不是新技术，而是一种思维方式。互联网、第三方支付已经足够成熟，能不能有一种货币实现点对点的跨越国界的支付，在国际贸易中发挥更大优势？比如在“一带一路”的沿线国家使用，合作推动贸易；再如运用大数据，通过更大范围的计算来防止产能过剩，或者降低产能过剩的程度。

这表明除了货币的支付便利化外，人们在追求更高的货币理想，即数字货币。货币最重要的功能是其价值的相对稳定性，数字货币需

要追求一个稳定的价值。金融危机过后，公众对各国滥发货币有所担忧，市场产生了一种“去中心”的力量。在绝对的去中心和中心货币之间，有很多过渡性的状态来平衡法定货币的角色。实际上，在中国五千年的历史中经常面临多个货币发行主体同时存在的情形，但自从有了中央银行，这种现象发生了明显的改变，法定货币出现了非常显著的发展。但是，近年来金融出现了自我繁荣的倾向，自我强化、一定程度上脱实向虚这类问题尤其突出。所以从全球范围来看，有一种倾向，就是让货币发行和实体经济的需求更加紧密地结合起来。

基于电子商务和互联网理念而设计的数字货币，体现了互联网金融与实体经济需求紧密结合的金融状态，有可能提供一种实现实体经济供需均衡的更优的逻辑和路径，从而在一定程度上改变金融与实体经济之间的关系，弱化货币对经济与金融周期的影响。当然，这只是一种可能性，能否变成现实还有很长的路要走，而且要解决与数字货币相关的网络犯罪、洗钱和恐怖融资等问题。当前以比特币为代表的数字货币更类似于一种高波动性的投机性资产，其作为支付媒介和记账单位的货币职能还未见迹象，未来能否形成更明显的货币特征尚有疑问。但数字货币为我们提供了一种思路，即在资产数字化不断深化、不断发展的背景下，将货币供应机制、发行规则与实体经济更紧密地联系起来，这对货币的发行与管理提出了更高的要求。

中国人民银行最近提出了关于数字货币的主张——法定数字货币，一种由央行发行的、依托加密技术、采用分布式记账的数字货币。但是由央行发行和推广数字货币也面临挑战。首先，央行的数字货币需要足够的便利性、足够强大的支付能力才能和第三方支付这样的货币形态进行竞争，如果与第三方支付相比不具备竞争优势，那么就很难实现场景化应用。其次，也是非常重要的一点，数字货币的价格如何确定？是否仅运用数字货币的技术而不改变现有法定信用货币的定价逻辑？再进一步，如果未来的货币体系面临着不同货币之间的竞争和替代从而促进经济与金融之间达到更优状态，央行数字货币的推出能否进一步促进更优状态的形成，这值得认真探究和论证。

互联网金融给货币体系、金融体系带来的影响正在逐步显现的过程中，所以在最初定义互联网金融或者理解互联网金融的时候，我们初步的认识是一种与生产、生活和互联网的发展状态紧密相连的新兴业态。金融服务不再是到银行网点去办理业务，而是在处理其他事务时同步完成了金融活动，这是金融业的一个趋势性变化。金融业态与生产消费的关系有一些新的特征正在悄然出现，互联网金融企业跨界开展金融业务的同时，传统金融机构也在运用现代科技手段，运用互联网、大数据等奋起直追，甚至谋求改变自身的组织架构，以应对新的竞争环境。

最近 G20 又提出了数字普惠金融，强调金融服务应该更多地覆盖原来无法覆盖的群体，降低交易成本。互联网金融由于其网络效应，使得边际成本下降、边际收益上升，正好与这一方向相符，但互联网金融的金融属性、科技属性、风险属性都将发生新的变化。此外，互联网金融对宏观经济的影响，也是非常值得研究的问题。

（整理：臧子明）

第 3 讲

DIGITAL FINANCE

金融科技的发展与监管：一个监管者的视角

李文红[1]　蒋则沈

① 李文红曾于 2016 年 11 月 9 日以"金融科技，一颗'不熟的金苹果'"为题进行演讲，本文为作者另行供稿，有删改。原文刊登于 2017 年第 3 期的《金融监管研究》。

李文红，中国银监会业务创新监管协作部主任，曾任政策研究局副局长，研究员，中国人民银行研究生部经济学博士、金融学硕士，澳大利亚国立大学经济学硕士。曾在巴塞尔银行监管委员会金融稳定学院借调工作，现为巴塞尔委员会流动性工作组联席主席、宏观审慎监管工作组成员。牵头制定银行理财监管、流动性风险管理、杠杆率监管、市场风险管理、资产证券化业务和外资银行监管等多项法规，主持多项重大课题研究，在核心刊物发表多篇学术论文。

近年来，金融科技的概念在全球范围内迅速兴起，引起了国际组织和各国监管机构的广泛关注。如何通过金融与科技的有机结合，探索完善金融服务和监管模式，更好地实现安全与效率的平衡，是市场机构和监管部门共同面临的重要课题。

一、金融科技的概念与分类

（一）基本概念

金融科技（FinTech）一词为英文 Financial Technology 合并后的缩写。由于金融科技仍处于发展初期，涉及的业务模式尚不稳定，各类业务形态存在不同程度的差异，目前全球尚无统一定义。2016 年 3 月，全球金融治理的牵头机构——金融稳定理事会发布了《金融科技的描述与分析框架报告》，第一次在国际组织层面对金融科技做出了初步定义，即金融科技是指通过技术手段推动金融创新，形成对金融市场、机构及金融服务产生重大影响的业务模式、技术应用以及流程和产品（FSB，2016）。

在实践中，“金融科技”的具体含义在不同背景下也存在差异。有时是指对现行金融业务的数字化或电子化，如网上银行、手机银行等；有时是指可以应用于金融领域的各类新技术，如分布式账户、云计算、大数据等；有时则指希望涉足金融领域、与现有金融机构形成合作或竞争关系的科技企业或电信运营商。随着理论和实践的进一步发展，相信金融科技的概念还将不断调整、充实和完善。

（二）“金融科技”与“互联网金融”概念的联系与区别

“金融科技”与国内的“互联网金融”概念既有联系，又有区别。从相似性看，二者均体现了金融与科技的融合，都是对运用各种新技术手段提供、优化、创新金融服务等行为的概括。从差异性看，“金融科技”更强调新技术对金融业务的辅助、支持和优化作用，其运用仍需遵循金融业务的内在规律、遵守现行法律和监管要求。国内的“互联网金融”概念既涵盖金融机构的“金融＋互联网”模式，也涵盖互联网企业的“互联网＋金融”模式。在实践中，一些“互联网＋金融”模式注重运用互联网技术促进业务发展，推动产品创新，提高运营效率和改进客户体验，但也存在忽视金融本质、风险属性和必要监管约束的现象，出现了业务运作不规范、风险管理不到位、监管适用不恰当或不充分等问题。一些非持牌机构未经批准从事金融业务，一些持牌机构超范围经营或违反监管规定开展业务，甚至引发了风险事件。从中长期看，国内的“互联网金融”概念可能逐步趋近并融入“金融科技”的概念体系，最终与国际通行概念保持一致。

（三）主要分类

目前，巴塞尔银行监管委员会将金融科技分为支付结算、存贷款与资本筹集、投资管理、市场设施四类（见表3-1）。这四类业务在发展规模、市场成熟度等方面存在差异，对现有金融体系的影响程度也有所不同。

表3-1　　金融科技业务模式分类

支付结算	存贷款与资本筹集	投资管理	市场设施
● 零售类支付 移动钱包 点对点汇款 数字货币 ● 批发类支付 跨境支付 虚拟价值交换网络	● 借贷平台 借贷型众筹 线上贷款平台 电子商务贷款 信用评分 贷款清收 ● 股权融资 投资型众筹	● 智能投顾 财富管理 ● 电子交易 线上证券交易 线上货币交易	● 跨行业通用服务 客户身份数字认证 多维数据归集处理 ● 技术基础设施 分布式账户 大数据 云计算

1. 支付结算类

主要包括面向个人客户的小额零售类支付服务（如PayPal、支付宝等）和针对机构客户的大额批发类支付服务（如跨境支付、外汇兑换等）。目前，互联网第三方支付业务发展迅速并趋于成熟，但由于其对银行支付系统仍有一定程度的依赖，并未从根本上替代银行的支付功能或对银行体系造成重大冲击，二者更多的是实现分工协作、优势互补。金融机构的支付服务主要针对客户大额、低频次以及对效率和费用不敏感的支付需求；互联网第三方支付则主要满足客户在互联网环境下，对小额、高频、实时、非面对面、低费用的非现金支付需求，更多的是发挥对传统金融支付领域的补充作用。从各国实践看，此类业务的监管框架已较为明确，监管机构普遍关注客户备付金的管理，以及反洗钱、反恐融资、防范网络欺诈、网络技术安全、客户信息保密和消费者保护等问题。

2. 存贷款与资本筹集类

主要包括P2P网络借贷和股权众筹，即融资方通过互联网平台，以债权或股权形式向一定范围内的合格投资者募集小额资金。此类业务主要定位于传统金融服务覆盖不足的个人和小微企业等融资需求，虽然发展较快，参与机构数量众多，但与传统融资业务相比，所占比重仍然较低，更多是对现有金融体系的补充。从各国实践看，此类业务与传统债务或股权融资的风险特征没有本质区别，现行的风险管理、审慎监管和市场监管要求基本适用。监管上普遍关注信用风险管理、信息披露、投资者适当性管理和网络技术安全等问题。

3. 投资管理类

主要包括智能投资顾问和电子交易服务，前者是运用智能化、自动化系统提供投资理财建议，后者是提供各类线上证券、货币交易的电子交易服务。目前，智能投资顾问模式主要出现在少数交易标准化程度较高的发达国家金融市场，应用范围还比较有限，其发展前景也有赖于计算机程序能否提升自我学习分析能力、最终能否提供比人工顾问更优的投资建议，以及市场和投资者能否逐步适应和接受。针对此类业务，各国监管机构主要沿用现行对资产管理业务的监管标准，重点关注合规推介、信息披露和投资者保护等。

4. 市场设施类

既包括客户身份认证、多维数据归集处理等可以跨行业通用的基础技术支持，也包括分布式账户、大数据、云计算等技术基础设施。此类业务的科技属性较为明显，大多属于金融机构的业务外包范畴。因此，监管机构普遍将其纳入金融机构外包风险的监管范畴，适用相应的监管规则，在监管上除关注操作风险、信息安全之外，还关注金融机构外包流程是否科学合规、外包服务商道德风险和操作风险的防控等。

在上述四类业务中，前三类业务具有较明显的金融属性，一般属于金融业务并纳入金融监管；第四类并不是金融行业特有的业务或技术应用，通常被界定为针对金融机构提供的第三方服务。但随着科技与金融的深入融合，其对持牌金融机构的稳健运行将产生越来越重要的影响，需要监管机构给予更多关注。

（四）关于分布式账户与区块链

在金融科技的概念范畴中，分布式账户（distributed ledgers）被广泛认为是最具发展潜力的代表性技术，也最有可能对现有金融业务模式产生重大甚至可能是颠覆性的影响。这也是其受到国际组织、各国监管当局和金融机构广泛关注的重要原因。分布式账户的技术原理是：一个网络中的所有用户同步记录某一交易信息，互相验证该信息的真实性（而不是向证券交易所、银行等传统权威中介机构验证），通过用户之间的共同验证，减小一项信息被少数用户伪造、篡改、冒用的可能性，增强交易双方的直接信任，从而大大降低中介成本。

其中，区块链是分布式账户最主要也最有代表性的技术。其流程为：当一笔交易发生后，交易参与者可以向网络提交该笔交易信息，交易信息经过加密后变得不可篡改，并以命名为区块（block）的数据包形式存在。每一个区块都需要同时发送给网络中的其他参与者，与这些参与者分布式账户中记载的历史信息同步比对验证，只有网络中绝大多数参与者均认可其真实性和有效性，该区块才能存入网络中各参与者的分布式账户，并与账户中以前存档的区块相链接（chain），形成区块链（blockchain）。该技术最早应用于“比特币”等虚拟数字货币的生成、存储和交易，目前正探索向支付清算、会计、审计、证券交易、风险管理等领域扩展。

目前，国际上对区块链、分布式账户技术的主要看法为：一是尚处于初步发展阶段，应用效果还有待实践检验。这类技术的大规模应用对系统资源和硬件投入要求很高，在运营成本上还不经济，对隐私保护的有效性也不确定，目前只在限定区域或机构内部小范围研发和应用，最终要做到在金融体系中广泛运用，还需要解决很多技术和风险管控方面的障碍。二是若在金融领域广泛采用，将对现行金融业务模式和支付清算体系等金融基础设施产生根本性的影响。其中，支付行业可能会成为首先应用该类技术的领域。三是对金融稳定的影响尚不明确，未来可能对监管形成重大挑战。例如，此项技术的“多边互信”“去中心化”等特征，有可能降低用户对银行等传统金融中介和交易所的依赖，影响现有金融机构的市场地位和竞争力；更多场外交易会增加金融监管的难度。另外，一些科技企业还可能在未受监管的情况下涉足金融业务，影响公平竞争和金融稳定。

由于区块链、分布式账户技术仍处于发展初期，其运用也处于试验阶段，目前国际上的初步共识是：监管当局应当密切关注、分析该类技术的发展应用情况，与业界保持充分沟通，但现阶段暂不需要制定专门的法规制度；同时，各国监管当局均在积极进行观察研究，分析这些新技术是否有助于金融业的发展和风险管控，以及可能对金融体系稳定产生的影响。

二、金融科技的发展背景和潜在影响

（一）历史回顾

银行业科技应用的演进历程如图 3－1 所示。

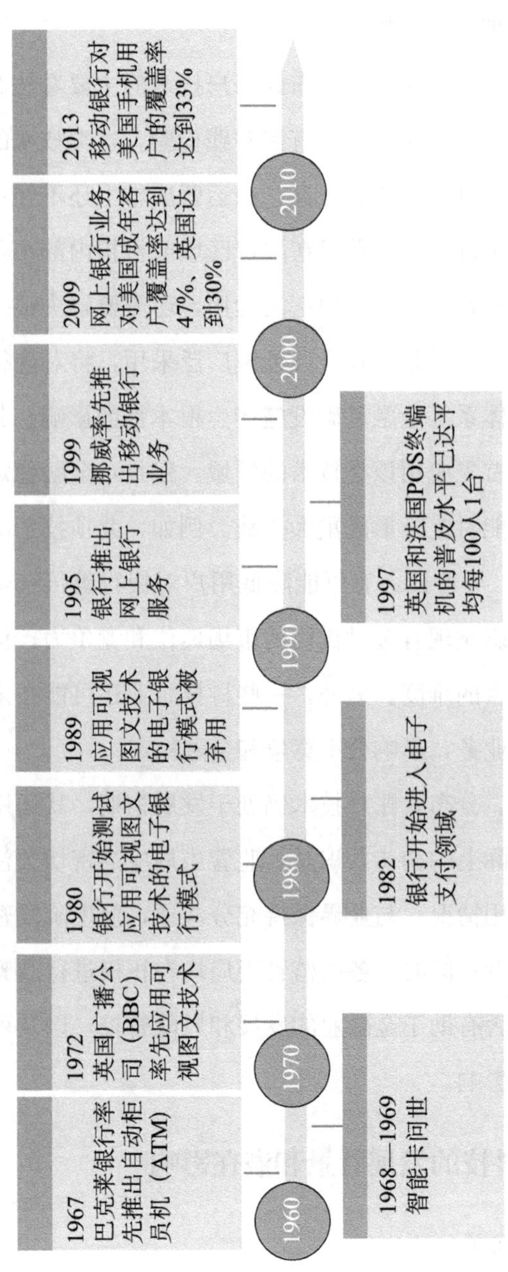

图3-1 银行业科技应用的演进历程

与当前的金融科技现象相比，金融业（特别是银行业）长期以来已经历过多次技术创新，一些代表性案例包括：一是自动柜员机的推广应用。20世纪60年代的通信技术和自动化技术创新，推动了银行自动柜员机的出现和普及，形成了新的银行服务渠道。但实践表明，自动柜员机并没有替代银行物理网点的主体地位，仅成为银行柜面支付业务的补充。二是电视可视图文技术的弃用。20世纪70年代问世的电视可视图文技术，可实现用户通过家用电视机远程使用银行服务，曾被认为将对传统银行网点和人工服务模式产生冲击。但由于客户信任和使用习惯等问题，该项技术的市场接受程度远低于预期，最终被弃用，对银行业几乎未产生影响。三是网上银行的稳步发展。依托互联网技术的网上银行最早出现于20世纪90年代，但因客户安全顾虑和操作不习惯等原因，早期发展较为缓慢，对物理网点和银行运营管理的影响不及预期，直至互联网用户群体普遍成熟后才实现了较快发展，但其优势主要体现在标准化、高频率、低成本的基础服务方面，也不能完全替代银行物理渠道。

迄今为止，新技术的应用和普及虽然加速了金融业新型服务模式的诞生，在一定阶段对传统银行体系产生影响，但并未从根本上改变银行业务模式、金融法律关系和监管体制，也没有对金融体系稳定产生大的冲击。

与历史相比，金融业当前面临的技术环境呈现出一些新的特点，此次金融科技是否会从根本上改变现有业务模式和监管框架，还有待观察。一是技术创新和更迭速度显著加快，技术转化为金融产品的周期大大缩短；二是随着互联网人群持续增加，消费者接受新技术的能力和意愿大大增强，新产品及其包含的风险向普通公众的渗透扩散速度大大加快；三是金融科技增加了机构之间的关联性，一些对金融稳定具有重要影响的科技企业也未纳入现有监管体系，进一步增加了风险传导速度、隐蔽性和影响面。这就要求金融机构和监管当局密切关注金融科技的发展变化、潜在风险和可能产生的影响，增强应变能力，适时采取必要的应对措施。

（二）金融科技的积极作用、潜在风险及其监管挑战

从积极作用看，在金融业务中更广泛和深入地运用互联网和信息技术，对于加强金融服务供给、提升服务效率、降低服务成本具有重要作用。一是互联网技术具有全天候、跨地域的属性，可以不受时间和地域限制，有利于弥补传统金融服务空白，扩大金融服务覆盖面；二是互联网技术具有标准化操作、业务处理成本低、服务海量客户等特征，有助于简化交易流程，降低小额、高频、标准化金融服务的成本；三是互联网企业具有发展快速、创新活跃、注重效率和客户体验的特点，有利于增强金融业的竞争和创新活力，提升金融服务效率。

从风险方面看，在机构层面，一是影响传统金融机构的盈利能力。金融科技可能分流部分银行业务，对现有银行的盈利模式和盈利能力形成挑战。二是增加信息科技风险等操作风险。金融机构更多地运用新技术并外包部分金融业务，增加了风险管理难度。目前已有部分第三方合作机构因系统缺陷导致金融交易数据泄露的案例。三是有可能提高整体风险水平。金融科技企业在增加金融服务可获得性的同时，有可能降低客户门槛，引入更多高风险客户。由于金融科技尚未经过经济周期性检验，缺乏历史数据，可能造成风险低估和错误定价。四是对突发事件管理能力提出了更高要求。全天候金融服务可能会增加金融机构受到外部冲击的时间和概率，对实时监测和突发事件

管理能力形成挑战。

在系统层面，一是增加机构之间的关联性和金融体系的复杂性。金融科技将加深金融业、科技企业和市场基础设施运营企业的融合，增加金融行业的复杂性。部分科技公司在信息科技风险管理方面的局限性，有可能导致相关风险在三类企业之间传递，增加系统性风险。二是可能强化“羊群效应”和市场共振，增强风险波动和顺周期性。在金融服务效率提升的同时，风险传导速度可能加快，金融市场参与者的行为更易趋同，从而放大金融市场波动。以智能投资顾问为例，金融机构在运用智能化系统为客户提供程序化的资产管理建议时，如果采用相似的风险指标和交易策略，可能在市场中导致更多的“同买同卖，同涨同跌”现象，加剧市场的波动和共振。

在监管层面，一是对监管专业能力形成挑战。监管者可能难以快速配备相应的专业资源，及时更新知识结构，识别潜在风险，从而影响监管有效性。二是增加风险监测和管控难度。去中心化和金融脱媒使得更多未受严格监管、资本水平较低的科技企业进入金融行业；同时，许多交易活动可能脱离中央清算机制，增加交易各方之间的风险敞口，也增大风险监测和管控难度。三是容易产生监管套利和监管空白。某些科技创新可能游离至监管体系之外，变相规避监管，造成监管套利。

三、国际监管动态与趋势

（一）国际监管组织的关注视角

近年来，金融稳定理事会、巴塞尔银行监管委员会、国际证监会组织和国际保险监督协会等国际监管组织均成立了专门工作组，从不同角度研究金融科技的发展演进、风险变化、对金融体系的影响和监管应对等问题，探索如何相应完善监管规则，改进监管方式。

1. 金融稳定理事会（FSB）

主要关注金融科技发展对金融稳定的潜在影响，近期重点关注区块链、分布式账户技术的发展趋势和对金融稳定的影响。金融稳定理事会专门成立了金融创新网络工作组，负责金融科技相关研究工作。

2. 巴塞尔银行监管委员会（BCBS）

巴塞尔银行监管委员会专门成立了金融科技工作组，主要关注金融科技对银行经营模式、市场地位和银行业系统性风险的影响，以及对银行监管提出的挑战。相关调查显示，多数国家认为金融科技将对现有银行体系产生影响，但也一致认为，无论是科技企业从事银行业务，还是商业银行与科技企业开展合作，均应适用现行的银行监管法律法规。此外，大多数国家均较关注为银行提供第三方技术服务的科技企业（非持牌机构），重点分析这些机构在银行体系中的角色和地位，以及可能对银行产生的外部风险。下一步，金融科技工作组将重点对网上银行、网络支付、网络借贷融资、分布式账户、云计算等领域开展案例研究，并从创新业务的合规问题、业务模式风险、操作风险、监管机制建设等方面进行评估。

3. 支付与市场基础设施委员会（CPMI）

该委员会设立在国际清算银行，成员来自各国中央银行，主要职责是制定和推动实施支付清算领域的国际标准，促进提升全球与各国支付清算体系的效率和安全性。该委员会主要关注金融科技对传统支付方式和支付体系等金融基础设施的影响，评估金融科技对支付清算领域可能带来的潜在风险，包括对中央银行功能的影响（CPMI，2016）。同时，还关注非持牌机构在支付领域的作用，以及各国可采取的监管措施

(CPMI，2014)。近期，按照金融稳定理事会的要求，正在重点研究区块链、分布式账户技术在支付清算领域的潜在运用与风险。

4．国际证监会组织（IOSCO）

主要关注金融科技对资本市场的影响，以及众筹融资业务风险、网络信息安全等问题，在2014年和2016年分别发布了众筹行业发展报告（IOSCO，2014和2016）。下一步，将全面评估区块链、分布式账户、云计算、智能投资顾问等金融科技在资本市场的应用及影响。

5．国际保险监管协会（IAIS）

主要关注金融科技发展对保险业和保险监管的影响，重点研究保险行业信息科技风险、金融科技促进普惠保险发展等问题（IAIS，2015）。

（二）各国的监管实践与最新进展

一是按照金融业务属性，根据业务实质适用相应的监管规则。以网络平台为例，各国监管机构均根据其业务实质为信息中介还是信用中介、从事债务融资还是股权融资，决定适用的具体监管规则。例如，在美国，对直接利用自有资金发放网络贷款（类似于网络小额贷款公司）或提供信贷信息撮合服务的网络平台，统一界定为“放贷机构”，要求其事先获得注册地所在州发放的贷款业务许可证，并接受金融消费者保护局（CFPB）的监管；对将已发放贷款作为基础资产、通过互联网平台向投资者发行证券的网络平台业务（如Lending Club）认定为“证券发行或销售行为”，适用《证券法》，并纳入证监会监管范畴（美国财政部，2016）。在法国和德国，网络平台在业务流程中涉及贷款发放，则被认定属于信贷业务范畴，须向监管部门申领信贷机构牌照并遵守现行监管规则。其中，许多在德国运营的网络平台通过与之合作的持牌机构（如银行）发放贷款，再将相关债权向投资者推介销售。该模式被认定为证券经纪业务，须向监管部门申请证券经纪牌照（纯信息中介且全流程不涉及客户资产和资金的模式除外）（IOSCO，2017）。在英国，网络平台主要通过拆分融资项目份额，以债权或股权形式向投资者发售，因此被认定为网络众筹。英国金融行为监管局（FCA）在现行监管框架下进一步细化了监管要求，于 2014 年发布了《关于网络众筹和通过其他方式推介不易变现证券的监管规则》，规定借贷型众筹（网络借贷）平台需经监管机构批准设立，并在最低资本、信息披露义务、消费者保护等方面提出了相关监管要求（FCA，2014）。此外，各国普遍将股权众筹纳入公开发行股票的证券监管框架。一方面，根据网络平台股权众筹单笔金额小的特点，适当简化监管程序，如美国允许符合条件的众筹中介机构不需获得证券经纪牌照；另一方面，则进一步强化其他方面的监管约束和限制，如规定严格的合格投资者标准，对融资和投资规模实施限额控制，要求进行持续的风险揭示、信息披露和投资者教育等（SEC，2015）。

二是建立内部机制，加强跟踪研究和风险评估。根据相关调查统计，目前超过 30%的参与调研的国家或地区已发布了金融科技创新发展报告，进行风险分析、研判发展趋势并提出政策建议；超过 40%的国家或地区正在组织评估金融科技对银行业的潜在影响；接近 70%的国家或地区成立了金融科技协调工作组，主要负责风险监测分析和政策完善等工作。同时，不少国家和地区指定相关金融监管机构承担金融科技的监管协调职能，加强对金融科技发展与风险的研究和监管协作，如英国的金融行为监管局、澳大利亚的证券投资监管委员会、瑞士金融市场监管局、韩国金融监督院、日本金融厅、新加坡金管局、香港金管局和香港证监会等。如表 3－2 所示。

表 3－2　部分国家或地区的实践

	具体举措
美国财政部	发布“网贷市场借贷的机会与挑战”研究报告
美国货币监理署	发布指导、评估金融创新产品和服务的若干原则
美国联邦储备委员会	设立跨行业工作组，研究分析金融科技监管问题
英国金融行为监管局	启动“创新工程”项目，针对金融科技建立机制安排
法国金融市场管理局	设立“金融科技与创新部门”
荷兰中央银行	发布“科技创新与荷兰金融行业”政策建议书
印度中央银行	设立跨部门监管协调工作组，共同研究金融科技监管问题
日本金融厅	设立金融科技咨询支持小组和专家小组
香港特别行政区	设立“金融科技督导组”

三是探索完善监管方式。虽然大多数国家或地区尚未考虑（也认为暂不需要）针对金融科技建立专门的监管安排，但已有部分国家或地区开始探索在现行法律框架下，根据金融科技的特点，适度调整完善监管方式，如建立监管沙盒、创新指导窗口和创新加速器，主要目的是加强监管当局与金融科技企业的沟通交流，提早介入了解金融科技业务模式并进行政策辅导。

1. 监管沙盒（Regulatory Sandbox）

指针对现有监管框架内尚需观察的金融创新产品或服务，由监管部门在法律授权内，根据业务风险程度和影响面，按照适度简化的准入标准和流程，允许金融科技企业在有限业务牌照下，利用真实或模拟的市场环境开展业务测试，经测试表明适合全面推广后，则可依照现行法律法规，进一步获得全牌照，并纳入正常监管范围，其性质与我国的试点机制具有相似性。如英国金融行为监管局于 2015 年推出监管沙盒机制，允许先向金融科技企业发放有限牌照，并在限定条件和场景中（如业务规模不超过 5 万英镑）测试开展相关创新业务。监管部门根据测试结果确定是否进一步授予全牌照（FCA，2015）。在实践中，也有不少金融科技企业在尝试监管沙盒机制后，因更加了解金融监管标准的严格性和相关合规成本，而决定放弃进一步获取金融牌照。

2. 创新指导窗口（Innovation Hub）

指针对持牌或非持牌机构的创新产品或服务，监管部门就政策规定、监管程序和相关监管关注点，提前进行提示和指导，使市场主体尽早了解监管要求，确保创新产品和业务的合规性。

3. 创新加速器（Innovation Accelerator）

指金融科技企业、金融机构与政府部门共同协作，及时评估、验证新产品方案的合理性与可操作性，促进其更好地向实际应用转化。这一方式类似于我国科技企业“孵化器”的制度安排，更符合政府部门而非监管机构的职能定位。

部分国家或地区的金融科技监管方式如表 3-3 所示。

表 3-3　部分国家或地区的金融科技监管方式探索

监管沙盒	创新指导窗口	创新加速器
已正式实施		
英国金融行为监管局	意大利央行	新加坡金管局
新加坡金管局	日本央行/日本金融厅	英格兰银行
澳大利亚证券投资监管委员会	韩国金融监督院	
荷兰央行/金融市场管理局	澳大利亚证券投资监管委员会	
香港金管局	荷兰央行/金融市场管理局	
	新加坡金管局	
	英国金融行为监管局	
考虑实施		
韩国金融监督院	卢森堡财政部	
瑞士金融市场监管局	墨西哥央行	

需要强调的是，上述这些机制并没有突破现行监管规定，而是需要在现行法律法规框架下运用，并遵循对监管机构的法定授权。其更多定位于提早在监管者和市场主体之间搭建沟通渠道，帮助市场主体全面、准确了解监管规定，避免在合规问题上“走弯路”。

（三）国际监管导向

从国际上来看，大多数国家或地区对金融科技监管体现了以下导向。

一是关注金融业务本质，根据其业务属性，纳入现行金融监管框架，进行归口监管。新技术在产品设计和业务模式上的应用（如互联网支付、P2P网络借贷、股权众筹等），迄今并未改变支付清算、债务融资、股权融资等金融业务的基本属性，也没有改变金融体系的基本结构。从监管角度看，不论是金融机构还是科技企业，只要是从事同类金融业务，就应取得法定金融牌照，遵循相同的业务规则和风险管理要求，以维护公平竞争的市场环境。

二是重点关注是否存在募集公众资金、公开发行证券、从事资产管理和债权拆分转让等行为。在各国的金融监管框架下，吸收公众存款、公开发行证券募集资金、从事资产管理和债权拆分转让等业务均设有严格的准入标准和监管要求。各国监管机构一致认为，市场主体不论采用何种技术形式和渠道开展业务，都需要重点关注其是否实质上向不特定人群筹集资金或吸收存款，是否实质上在从事证券发行、资产管理和金融资产交易等业务，进而判断其是否应当申领金融牌照并接受相应监管。

三是根据匹配性监管原则，按照法律授权对小额、有限范围募资活动适度简化监管程序。由于金融科技服务对象以个人或小微企业为主，交易金额通常较小，复杂程度较低，系统重要性较小。在融资金额、投资者范围有限的情况下，一些国家或地区根据金融科技具体业务模式的风险水平和系统重要性程度，适度简化监管程序，避免其承担不恰当的合规成本。但这不是对金融科技的“特定优惠”，而是基于匹配性监管（proportionality）原则的既定监管做法。

四是针对互联网特点，更加注重信息披露和投资者保护。金融科技的服务对象集中于小微企业、低收入人群等。这类群体的金融业务经验较少，金融专业知识不足，风险认知水平和承受能力相对较低，同时金融科技的“非面对面”交易形式较多，容易导致信息不对称问题。因此，各国在金融科技的监管上均更加注重信息披露和投资者权益保护。

四、对金融科技发展与监管的几点思考

（一）金融科技是金融业发展进程中的正常现象，既不应“神化”，也不应“轻视”

一方面，金融业在历史上已经历过多次技术创新，但迄今尚未受到根本性、颠覆性的影响。此次金融科技浪潮尚处于初期阶段，与传统金融体系相比，规模仍然较小；另一方面，此次金融科技创新具有一些新的特点，是否会对现有金融体系产生不同于以往的影响，甚至从根本上改变金融业务的模式，还有待观察。监管机构应密切关注和分析金融科技的潜在影响，为完善监管方式、防范金融风险奠定基础，做好准备。

（二）遵循技术中立原则，坚持按照金融业务本质实施监管

技术创新有助于扩大金融服务渠道、提高经营效率，但代替不了

金融的基本功能，也没有改变金融风险的隐蔽性、传染性和突发性。究其本质，金融科技有“三个不变”：金融的本质功能不变、风险的本质特征不变、监管的本质要求不变。因此，无论是科技企业还是金融机构，只要从事同类金融业务，都应在现行法律法规框架下，接受相应的市场准入和持续监管，遵循同等的业务规则和风险管理要求。

当前，在金融科技监管方面需要重点关注：一是是否依法获得了相应的金融牌照，或者是否超越牌照范围开展金融业务，是否遵循了相应的监管规则；二是是否实施了与所承担风险性质和水平相匹配的风险管控措施；三是新技术应用是否带来了新的金融风险和问题，如互联网企业的金融业务与非金融业务之间的“交叉补贴”、滥用客户信息、变相非法集资、从事非法证券活动、技术风险转化为流动性风险等问题。

（三）监管机构应加强对新兴技术的关注、监测和研究，做好监管准备

考虑到金融业务对现代科技的应用呈加速趋势，监管机构应密切跟踪研究区块链、分布式账户等金融科技发展对银行业务模式、风险特征和银行监管的影响，加强与金融科技企业的沟通交流和政策辅导，强化专业资源配置和工作机制建设，做好监管准备。同时，积极参与金融稳定理事会、巴塞尔委员会等国际组织关于金融科技的发展演进、对金融稳定的影响和监管应对等问题研究，共同探索如何完善监管规则，改进监管方式，确保监管有效性。

第 4 讲

互联网金融的特色、挑战与发展使命

2016 年 12 月 11 日

黄金老

黄金老，苏宁金融集团常务副总裁、苏宁云商集团副总裁、研究员，博士生导师，享受国务院特殊津贴专家。历任中国银行国际金融研究所研究室主任、个人金融部副总经理、办公室副主任、公司金融部总监，吉林省延边朝鲜族自治州州长助理，华夏银行副行长。著有《金融全球化研究》《金融自由化和金融脆弱性》等。

今天交流的主要内容是我一年半以来工作中的些许体会，主题是对互联网金融发展至今的一些认识和思考。

一、互联网金融会颠覆传统金融吗?

央行 2011 年颁发第三方支付牌照是互联网金融起步的标志性事件，此后互联网金融逐渐变热，在 2013 年由于明星产品的涌现而为公众所知，得到快速发展。在 2014 年和 2015 年的政府工作报告中，总理都提到要促进互联网金融发展。但从 2015 年下半年以来，大量 P2P“跑路”事件发生，真假互联网金融混在一起，风险凸显，导致互联网金融在 2016 年步入低潮期。现在大家都不太爱提互联网金融。一些政策文件的态度也发生了变化，从过去的鼓励、促进变为目前的规范、整顿。可以说，互联网金融从 2014 年、2015 年的“云端”，跌入 2015 年下半年至今的“低谷”。

对于互联网金融，我认为把它存在的意义过分拔高或过分看低，都是不符合实际的。

过分拔高的人认为，互联网金融能颠覆传统金融业，成为传统银行的“终结者”。但实际上，目前互联网金融交易的绝大部分还是在客户端、在零售端，而传统金融更多的是在企业端。互联网金融只是做了一块很小的金融业务，难道就把传统金融业给颠覆了？什么叫颠覆？金融业的工作主要就是两件事，营销和风控，核心是风控。传统金融和互联网金融都强调风控，实际上所做的工作是一样的，区别只是手段的不同，所以颠覆无从谈起。有人说互联网金融是大数据、云计算加金融，听起来比较高大上，但现在才刚刚开始。

也有人认为，互联网金融只是把原本线下的流程搬到线上了，这也是不对的。线上办理的核心要求是极致便利，现有银行产品的线下流程多是比较复杂的，一笔个人贷款，从资料收集、审核到发放、还款，几十个流程，若完全照搬到线上，客户操作起来就非常不便。正因为流程的不易改造，传统银行的产品上线才比较慢。过去，真正做到全流程线上办理的银行业务，只有个人理财业务一项，近期多了个人小额贷款业务。

还有人认为，“金融有自身的业务逻辑，互联网对其影响有限”，或者“互联网金融是程序员做的金融，他们并不懂金融”。这两种对互联网金融的看法，便属于过分看低。

有人把今天中国金融很多的问题和风险归结到互联网金融上，更是错误。泛亚、e 租宝等，压根儿就不是互联网金融。它们的手法还是线下“暴力”地推那一套（高激励、高息产品），根本没用数据，可以说是彻头彻尾的非法集资。

目前，大家已经达成一个共识——“互联网金融本质上是金融”。互联网金融行业由谁来主导，是工程师还是金融专家？今天看来，越来越多的是由从银行、保险、证券行业走出来的高管来主导。我来自传统银行，蚂蚁金服、陆金所等也请了很多银行业高管加入。越来越多的互联网金融机构聘请银行业高管来做这个行业，负责这个行业，说明互联网金融这个行业是由其金融的属性主导的。这一点无论在理论上还是实践上都得到了业内广泛的认同，应该说已成为一个共识。

互联网金融和传统金融的关系，应是合作与竞争相互统一的关系。整体上看，互联网金融有着蓬勃的生命力。现有的金融服务，还有很多没有服务到的地方，有些是地域上的，有些是收入阶层上的，比如中心城市和偏远乡村、大学生和农民工。时间上，能否 24 小时服务、是否周末提供服务，服务的效率上也有差异。简单地讲，传统金融还有很多需要提升效率的地方，这些就是互联网金融应该发挥作用的地方。生物特征识别，让互联网金融公司可以通过机器远程识别一个人的身份，这就使得在偏远的山区，也可以享受支付、转账、消费贷款、账户变更等金融服务。人脸识别、指纹识别、语音识别、设备指纹识别和传统的密码综合应用，延伸了金融服务的空间。苏宁金融 App 就上线了基于人脸识别、指纹识别的登录验身和支付功能。

所以在我的理解中，互联网金融做的都是市场迫切需要的业务。我们作为从业者，首先要寻找市场的空缺，还有哪些人群没有被服务？还有哪些市场需要的产品我们没有？还有哪些产品的价格可以更低一些，收益可以更高一些？这些都是市场的空缺，给了这个行业茁壮成长的机会。

从互联网金融与传统金融的关系可以看出，互联网金融和电商还是有很大区别的。电商机构，如阿里、苏宁易购，它们真的对既有的商业形态构成了重大冲击，抢占了很多传统商业的市场份额，实体零售也被挤占。但互联网金融不是这样的情况，它的发展空间更多的在于填补市场空缺，把金融服务做得更加完美，然后充实主流市场。

二、互联网金融有何特色？

互联网金融更多强调的是科技的作用，它有一些独到的灵活性，是传统金融所不具备的。

一是更多地依赖数据作决策。这应是互联网金融最本质的特色。数据的采集、整理、分析、应用，是互联网金融企业的核心竞争力。放一笔贷款，传统金融机构主要通过面对面的尽调来做决策，互联网金融机构则通过多维度的数据分析来做决策。

二是互联网金融更加强调营销，且营销的方式更加积极、热烈。打开任何一个互联网金融机构的网站，大家会发现它和传统商业银行的网站非常不一样。传统商业银行的网站往往比较简洁、单一，但互联网金融机构，如苏宁金融的网站，页面丰富多彩，内容很多，这是它的特点。互联网金融行业大量应用如 SEO、ASO、DSP[①] 等搜索技术来获取流量，流量为王，这是传统的银行、证券、保险机构所不关注的。来自传统商业领域的人，对这种理念一开始可能会比较排斥，但这个行业的关键就是要抓网民的眼球。互联网金融公司的营销通过数据驱动的前后中台全流程运营，基于亿级用户的大数据画像，与 LBS[②]、用户行为、互联网热点事件等因素相结合，通过 App、合作平台、PC 网页和网点的线上线下全渠道协同，为用户提供千人千面的金融产品界面。互联网金融公司的 App 不像传统 App 那样千篇一

① SEO，搜索引擎优化；ASO，应用商店搜索优化；DSP，数字信号处理。

② LBS，基于位置的服务。

律，而是个性化地呈现你需要的产品和服务，App 界面的 Icon 位置都是可以动态变动的，这背后都需要有自动化营销决策引擎等技术的支持。现在传统银行的 App 也开始向互联网金融公司的 App 学习。

三是产品迭代快。传统商业银行可能每月有一到两个产品升级，而互联网金融行业可能每周都有产品升级。有的升级体现为功能的完善，有的体现为流程的改变，有的是对一些可能有欺诈风险的漏洞进行修复。总之，它在不断变得更加便捷。产品的更新非常快，对于客户的体验也是极度重视。产品迭代的敏捷化背后是互联网金融公司基于金融云的应用部署和开发平台，应用服务器封装到标准云化容器里面，做到分钟级创建和拷贝，天级应用上线，秒级容器伸缩。苏宁金融的应用和开发平台都是云化，基于 KVM、OpenStack、Docker 等开源软件技术，支撑产品的快速迭代更新。

比如在苏宁金融，我们成立了一个强大的客户体验中心。早在 20 世纪 90 年代，我在中关村见过 IBM 的体验中心，那时就感觉它比国内的企业做得好。我在中国银行和华夏银行工作期间曾负责零售金融业务，也想搞类似 IBM 的这种体验机构。苏宁金融成立了一个强大的客户体验中心，通过线上不断搜集客户对产品的看法、留言，每周都开一个例会，检讨产品的不足，强调极致的体验。我们有一套完整的流程来推动产品体验的不断改进。

四是组织的高度灵活。今年我们开发了一个产品，叫“任性贷”，公司专门抽调了几十人做这个产品，打破了组织的边界。在传统商业银行里，成立一个团队或部门，会把人员固化在一个组织里，人员都是片面地以项目制的形式来工作。苏宁金融则有很多的

“项目间”，围绕某个项目设一个“项目间”，项目做成了，人力资源就释放出来，员工的考核也跟着项目走。组织的高度灵活性也是这个行业的特点。

三、互联网金融商业模式的转变

2016 年以前，互联网金融商业模式与互联网一脉相承，不外乎通过烧钱买流量、烧钱买客户，获得更高的估值，得到更充足的融资，如此循环反复，“融资—烧钱—再融资—再烧钱”，从而做大做强。

2016 年之后，风向突然转变，互联网金融商业模式发生了重大变化，做高估值这一套逻辑越来越行不通了，更多的机构开始聚焦于盈利。在重要性方面，用户数<GMV[①]<收入<利润。这一模式的转变，基于以下几个方面的原因：一是获客成本显著提升。竞争加剧，互联网流量日渐稀缺，买流量、买客户的成本被加速推高。数据显示，2013 年一家互联网金融创业公司的获客成本区间为 300～500 元，2016 年则涨至 1 000～3 000 元。二是高投入不一定可以获得高转化率。据苏宁金融研究院测算，目前主流的几家网站或 App，其有效客户的转化率不足 5%。三是“羊毛党”愈发凶猛，补贴多数落入专业薅羊毛的团队手中。互联网金融用户多数为逐利层长尾用户，哪家平台补贴多、收益率高就转向哪家，不具有强黏性和用户忠诚度，一旦某家平台为了拉新而开展优惠、返现或推出高息短期产品，专业羊毛党就会一拥而上，积极竞购，红利期一过，则迅速提现退出，卷走超额收益，并转而寻找下一个目标，不断重复这一整套动作。这些因素

① GMV，交易总额。

都导致互联网金融烧钱游戏变得难以为继，所以，互联网金融的未来一定是走向盈利的。随着居民消费升级的加速，人们也愿意为更好的服务买单，价格不再是竞争的唯一利器。同时，资本寒冬中，只有通过内部积累并盈利，才能扩大金融科技投资，抓住新一轮发展机遇，因此盈利将是互联网金融机构的未来。

对盈利的注重，决定了互联网金融的业务模式一定要聚焦，聚焦盈利模式清晰的业务，聚焦核心业务。目前，互联网金融有几大业务，分别是第三方支付、理财、消费金融、供应链金融、保险、众筹、私募股权融资等，但核心业务只有四个，即第三方支付、供应链金融、理财保险、消费金融，这四大业务商业模式清晰，应成为各大互联网金融机构重点推进的业务。

四、互联网消费金融有力地支持了居民消费升级

最近几年，得益于人们消费观念和生活方式的显著变化，居民消费升级快速推进，表现为对生活品质、休闲娱乐和身心健康愈发看重。在北京、南京以及其他城市，越来越多的人周末选择去公园、郊区休闲或者运动，也有越来越多的人选择让生活更具品质的“买买买”，这些都是居民消费升级的体现。从 20 世纪 80 年代到千禧年，再到今天，无论是出行、客厅、厨卫还是采暖，无论是消费品类还是消费品质，都实现了大飞跃。比较明显和直观的就是电视机，在品种、屏幕大小、清晰度、价格方面都有非常大的提升。

生活品质的提高得益于高单价产品的消费支出。一套厨房设备，从 1 万元升级到 8 万元，这一消费升级如何实现呢？如果真靠等某一天有钱了再买，那消费升级注定是非常缓慢的过程。得益于互联网消

费金融的出现，即便你现在没钱，但如果未来有钱，也可以提前进行高单价产品的消费，这就大大地加速了消费升级的过程。

今天消费贷款占全国社会商品零售额的比例达到了 15.9%，意味着每 6.5 元的销售可能就有 1 元是靠消费贷款支持的。在房地产金融方面，目前房地产销售 70%的购房资金来自于购房贷款，由此支撑起空前火爆的房地产市场。在汽车金融服务方面，目前每卖 4 辆汽车就有 1 辆是通过汽车消费贷款来解决的。但相较国外 70%、80%的渗透率水平，我国汽车金融渗透率仍旧很低，还有很大的提升空间。在购物分期方面，每卖三部高端手机，就有一部是通过贷款来支持的，这在以前是不可想象的。我在 2000 年去加拿大考察，发现加拿大人买 100 加元东西都要分期，非常惊讶，但今天我国也走到了这一步，1 000元的分期在国内也是很普遍的现象了。

互联网消费金融的好处之一是降低了服务的门槛，使普惠金融成为可能。从客户对象来看，中高收入者、年轻白领、大学生、农民都可以申请。从时间和额度来看，银行信用卡审批一般 15 个工作日才能够拿下来，一般信用卡的额度能有三五万就不错了，而苏宁任性付最快一分钟就可以审批完毕，并可以给你 20 万元的额度。互联网消费金融惠及更多的社会人群，使这些人群可以借到更多的钱。

互联网消费金融的好处之二是降低了服务费率，使廉价金融成为可能。一般的信用卡分期，年化利率是 15%～18%。今天在苏宁电商上购物，任性付一般商品每月分期手续费仅 0.498%，年化利率约 6%，显著降低了服务的费率。

这里回顾马克思说过的一句话，“假如必须等待积累使某些单个资本增长到能够修建铁路的程度，那恐怕直到今天世界上还没有铁路。但是，集中通过股份公司转瞬之间就把这件事完成了。”① 同样，如果要等待每个家庭自身原始积累来进行消费升级，那注定将是一个非常缓慢的过程。假如没有住房贷款，我国人均住房面积将减少四分之三；没有车贷，汽车数量将减少四分之一；没有购物分期，高端手机销售量也会减少三分之一。因此，消费金融发展到现在，大大加速了我国居民消费升级的步伐。而当前的中国，只有消费升级才能带来整个产业的转型升级，进而带来整个经济结构的变迁和优化，这是消费金融对经济发展做出的最大贡献。

从国别来看，美国、韩国的消费金融渗透率非常高，由消费金融驱动的消费支出占总支出的比例非常大，其中消费信贷/消费支出比分别高达 28%和 49%，消费信贷/GDP 的比例也分别达到 19.6%和 24.1%，而我国这两大指标仅为 16%和 7%，差距明显。美韩在消费金融大发展时期，消费升级也在快速推进，20 世纪 70 年代的美国以及 80 年代的韩国，在消费金融的支持下，消费结构都发生了巨大的变化，突出表现为食品、服装等支出占比显著减小，休闲娱乐、文化教育和医疗护理等支出占比显著增加。相较国外水平，今天中国正是消费金融大发展的时期，也是居民消费升级大加速的时代。

五、互联网金融面临三大挑战

从今年的形势看，互联网金融正面临三大挑战。

（一）监管越来越严

这是全世界的现象，从 2008 年金融危机以来，全球金融业都为

---

① 马克思．资本论：第一卷［M］//马克思，恩格斯．马克思恩格斯选集：第二卷．北京：人民出版社，2012：283.

监管所累。这可以说是对金融业不那么友好的年代，特别是很多社会问题都被归咎为金融问题，舆论也认为金融导致了失业等。这些都是偏颇的，但确实形成了一股很大的势力。不过随着美国总统特朗普上台，这种趋势有所减缓，他并不赞同对金融过分监管。

前些年，中国的互联网金融受到的监管比较弱，从而得以自由发展。出了很多问题之后，2015 年人民银行给出了一些监管意见，2016 年国务院办公厅也出台了《互联网金融风险专项整治工作实施方案》。这个方案还是非常严密的，带来了比较大的影响。例如第三方支付，强调要实名制管理。长期来看，这对互联网金融机构有好处，但短期内则意味着更高的成本。作为普惠金融机构，互联网金融机构的用户往往非常多，如蚂蚁金服、苏宁金融都以亿计，进行简单的公安网身份证信息联网验证，都需要数千万元。

根据 2016 年 7 月 1 日开始正式生效的《非银行支付机构网络支付业务管理办法》规定，支付机构根据客户身份认证情况，将个人网络支付账户分成三类——Ⅰ类、Ⅱ类和Ⅲ类。只有Ⅲ类账户拥有更大的自主权，Ⅰ类账户的余额付款交易自账户开立起累计不超过 1 000 元，Ⅱ类账户所有支付账户的余额付款交易年累计不超过 10 万元，Ⅲ类账户所有支付账户的余额付款交易年累计不超过 20 万元。用户每年三方支付的转账限额受限。此外，2016 年 12 月 1 日起，每人在第三方支付只能开一个Ⅲ类账户，如果开了两个就得取消一个。然而机构与客户联系取消的成本也是很高的，因为账户的数量太多。新的监管政策还明确要求“逐步取缔支付机构与银行直接连接处理业务的模式”，并通过设立网连的方式来取代直连模式。目前主要的第三方支付机构都是和银行直连，因为只有直连才能降低成本。打个比方，如果直连的异地转账费用是2元，间连就可能需要5元。可能正因为这“3元”，和传统的渠道比，互联网金融机构才更有优势。如果“网连”变成了另一个银联，效率和效果怎么样，还需要观察。随着监管日趋严格和监管成本的提高，这个行业只有规模大的公司才可以做，这个倾向越来越明显。

对于网贷行业，监管就更加严格了，不仅要备案管理，资金也必须要托管在银行，不得搞资金池、不得发放贷款、不得自融自保等，并要求机构必须是纯信息中介。纯信息中介，说起来容易，但真正做起来，如果机构规模不够大，就不会有人信任。然而，大机构还得承担刚性兑付责任。目前的监管意见带来的是将实体经济募集资金的门槛提高——同一自然人在同一网络借贷信息中介机构平台的借款余额上限不能超过20万元，在所有网络借贷信息中介机构平台的借款余额限额是100万元。这使得多数以理财为目的的P2P平台必须转型或者消失。对于众筹行业，监管意见明确不可以做股权众筹，只能做商品众筹和部分收益众筹。对于保险的销售等，也都有一些新的监管规定。2016年，多数机构为监管支付的成本都在快速上升，客户的体验也明显降低。希望这些短痛能换来行业的长期稳健发展。

国际和国内都在面临监管带来的挑战，互联网金融行业才刚刚开始接受这个挑战。内地一些第三方支付公司，开始到香港、东南亚、印度甚至欧美一些国家或地区开拓市场，这实际上是一个比较危险的行为。这些年国际上反洗钱罚款的力度都非常大。据统计，美国货币监理署（OCC）近年对全球金融机构的累计罚款达到700亿美元。罚什么呢？账户管理不善，就罚款。商业银行的账户管理非常严格，据我所知，某家国有大行的纽约分行，全行400人，其中有100多人从事合规事务。商业银行做得如此严格，还是遭受这样的巨额罚款。第三方支付机构在这方面应该还是非常薄弱的，如果贸然进入国际金融市场，我相信当地金融监管机构一定会不断地搜集资料，然后开出巨额罚单。在我看来，中国的互联网金融或金融科技行业进入国际市场，特别是在账户这个层级，应该说还没有到恰当的时机。

整体而言，业务红线还是应该划的，特别是很多机构打着互联网金融的牌子，虚构标的为房地产和其他投资募集资金，确实在扰乱金融秩序。

（二）传统的商业银行、证券、保险公司也在借鉴其做法

互联网金融的一大优势就是免费，特别是转账。支付宝、微信支付、苏宁支付转账均免费，所以有很大的竞争力。但是 2016 年 2 月份开始，一些主要的银行也推出了手机银行转账免费，对市场产生很大的影响。在转账这个环节，第三方支付公司的背后是银行，每一笔转账交易都需要给商业银行支付较高的手续费，一般在 3‰。如果一年转账 1 000 亿元，第三方支付公司就需要给商业银行支付 3 亿元的手续费，但用户端都是免费的，这个成本只能由支付机构补贴。所以 2016 年 3 月先是微信支付开始收费，7 月支付宝也跟进。传统银行对转账免费的同时，第三方机构却开始收费，对用户来讲，就面临抉择。

互联网金融的一大优势是在产品体验上。例如，线下扫码支付就是第三方支付的利器。但是从 2016 年下半年开始，主要商业银行也推出自己的扫码付，加入市场竞争。

在理财业务和信用卡业务上，面对新金融领域的贷款业务，比如任性付、花呗、京东白条，传统银行信用卡也在改变。任性付也好，

花呗也好，特点都是利率较低，更大的优势是开户门槛比较低，即用户申请通过率高，而银行的信用卡通过率是比较低的。于是商业银行现在开始降低信用卡门槛，特别是对1 000元以下额度基本是申请即有，与互联网消费金融业务形成竞争。

（三）欺诈风险

欺诈风险是互联网金融行业最主要的风险之一。因为传统金融机构的贷款有面签，这是一个面对面交流的过程，至少能保证“你就是你”。而线上的互联网金融彼此之间大多是不见面的，这意味着欺诈更容易发生。

关于电信诈骗，这里有一个数字，2015年全国电信诈骗涉案总额200多亿元，其中形成了一个很隐秘的链条——欺诈产业链，有人搜集信息、钓鱼、种木马；有人专门倒卖信息，通过中间渠道把个人信息买过来，再向需要的犯罪分子批发；还有专人实施诈骗——发短信、发链接、打电话，吸引大众去点击这些陷阱；最后，专门有人进行分赃和销赃。不仅是互联网金融，也包括任何互联网产业，由于其不需要面对面，都会使欺诈更容易发生，从而给中国的信息化进程带来打击。现在每人平均每天都会接到一条以上的诈骗短信，社交软件诈骗也是无处不在。如果国家不能以雷霆手段来应对，网络欺诈最终会摧毁中国的信息产业。

反欺诈是一个长期的问题。苏宁金融有200多人专门从事反欺诈工作，还基于机器学习/神经网络打造了一个全流程、全业务、全渠道监控的反欺诈风控引擎——CSI系统，从防盗账户开始，在交流、物流、门店进行层层拦截。

六、回归互联网金融的使命

互联网金融的使命是促进普惠金融和廉价金融的实现。普惠金融是指为有金融服务需求的社会各阶层和群体提供适当、有效的金融服务，其内涵在于廉价金融，即适当的融资利率、较低的服务收费、简便的操作。通俗来讲，就是“为老百姓提供用得起的金融服务”。

从全球范围来看，中国是普惠金融做得比较好的国家之一，主要体现在以下三个方面：一是中国金融服务的开户门槛非常低，无客户服务歧视，服务的客户多、渠道广、可得性强；二是中国的银行业机构依据行政区划，设置分布广泛，覆盖的服务区域广；三是中国除融资服务以外的金融服务价格低廉。但在廉价金融领域，我国互联网金融做得还远远不够，仍需不断努力，最突出的表现之一是融资成本未见明显降低，无论是网络贷款还是众筹融资，其成本都不低于传统金融的融资成本。互联网融资成本未见明显降低，主要在于近年来我国互联网金融在发展模式和业务拓展上存在较大偏差：一是风险控制和管理体系不健全，风险识别和差异化定价能力差，无法有效区分高风险客户与中低风险客户，最终只能把中低风险客户按照高风险客户来进行贷款利率定价；二是热衷于宣传，投入大量资金进行广告轰炸，市场推广成本居高不下；三是片面追求用户规模，进行亏损竞争，企图博得市值短期大幅提升，违背金融业持续经营至上的千年规则；四是低门槛带来羊群效应，不合格从业者纷纷涌入。

在我看来，互联网金融的存在价值和意义在于对传统金融的有效补充，在于普惠金融和廉价金融，根本落脚点是廉价金融，核心是降低互联网融资成本。这就要求一要提高风险控制水平，实现差异化定价，降低信贷成本；二要打造一支精英专才队伍，构建扎实的金融 IT 系统，强化数据采集、整理、分析和应用能力；三要着力开拓低成本资金来源，推动传统金融与互联网金融的互利合作，促进双方融合发展；四要降低运营成本，特别是客户获取成本。

七、从互联网金融到金融科技

今天主要谈了互联网金融的一些特色、商业模式、与传统银行的关系及对居民消费升级的支持，也谈了一下当前面临的一些挑战和发展使命。但整体上看，金融业的互联网化一直都是大势所趋，传统金融机构的互联网化和信息化也仍在加速推动过程中。互联网金融的本质是金融，更多的是传统金融业务在渠道上的互联网化引发了业务模式的变革，但从更根本的角度看，互联网也只是科技因素的一种。随着更多科技因素比如大数据、云计算、机器学习等被引入金融业，互联网金融这一叫法便难以充分涵盖这种新金融业态，于是有了金融科技一词，即 FinTech，有些机构更强调其中的科技因素，称之为 TechFin。

由互联网金融转身为金融科技，不是赶时髦，更不是换马甲。在我看来，互联网金融机构的业务模式，促使它不得不与科技更紧密地融为一体。

其一，互联网金融的用户规模更大。以苏宁金融为例，用户上亿，员工只有千人，这就需要依靠金融科技手段，才能超越人工服务的极限来服务海量客户。比如，人工智能通过机器学习、语音识别、视觉识别等方式来分析、预测、辨别交易数据、价格走势等信息，能为客户提供投资理财、股权投资等服务，变革了金融服务方式，使得原来只有少数人享受的服务走入寻常百姓家。在智能营销上，苏宁金融研发的智能营销平台，基于会员行为数据、购物信息、支付信息、社交信息来构建最优投资策略，推荐产品组合，解决了海量用户的精准营销难题。

其二，互联网金融主要服务长尾客户，客户分布更广，跨市、跨省甚至跨境，需借助金融科技，破解地域服务半径制约。人脸、指纹、声纹、虹膜等生物特征识别技术解决了远程核实身份的难题，使金融服务可以延伸到农村、山区等传统金融网点无法覆盖的区域，用户在家里使用智能手机就可以办理金融业务。由于生物特征识别能够延伸金融服务空间，已然成为互联网金融的标配。

其三，互联网金融的用户风险不确定性更大，加上互联网金融领域欺诈事件高发，需要借助金融科技手段，持续提升风控水平，降低风险损失。时下，恶意欺诈成了互联网金融机构面临的最主要风险。公开数据显示，目前 60%～70%的信贷损失来源于欺诈，互联网金融欺诈案件数每年以 20%～30%的速度增长，2015 年全国电信诈骗发案高达 59 万起，涉案金额超 222 亿元。欺诈风险始于业务流程漏洞或薄弱环节，对每家机构而言，因业务模式和流程不同，欺诈风险也有其特殊之处，除了行业性的黑名单共享之外，当务之急是建立一整套风险规则引擎，而风险规则引擎则需要持续的大数据输入，并借助机器学习技术实现自我进化和完善。

展望未来，无论是传统金融机构还是新金融机构，金融科技都是其发展的决定性支撑力量。“未来已来，只是尚未流行”，金融科技已然成为新旧金融业转型发展的风口。

（整理：周柏林）

第5讲

DIGITAL FINANCE

关于央行数字货币的思考

2016年9月19日

姚　前

姚前，工学博士，教授级高工，中国人民银行科技司副司长、中国人民银行数字货币研究所所长。此前在中国证监会信息统计部、信息中心、中国证券登记结算公司工作多年，2010 年底正式调入中国人民银行，曾任中国人民银行征信中心副主任。

随着信息科技的快速发展，以及移动支付、可信云计算、区块链等新技术的推出，中央银行发行的传统纸质货币面临着许多新的挑战，数字货币可能成为未来货币发行、支付模式的发展方向。

一、数字货币的概念与特性

1982 年，David Chaum 提出了一种具备匿名性、不可追踪性的电子货币系统，那便是最早的数字货币理论。现在看来，Chaum 当时建立的模型还是传统的“银行—个人—商家”三方模式，但正是 Chaum 的理论和他研发的 E-Cash 货币激发了研究者们对数字货币的兴趣。在近四十年的发展历程中，数字货币理论已经在 Chaum 的基础上融合了包括群盲签名、公平交易、离线交易、货币的可分割性等在内的新概念。

2008 年，中本聪发表经典论文《比特币：一种点对点的电子现金系统》，提出了一种全新的电子化支付思路——建立完全通过点对点技术实现的电子现金系统。据此，数字货币原有的三方模式可以减去一环，变成了两方交易，在更深的内涵上又回到了原始的点对点交易模式。以前人们隔着万水千山做不到点对点的交易，现在通过先进的技术手段，可以不依赖银行这个中介而仅靠分布式账本就实现了。

支付从三方模式到两方模式的改变是本质性的变化，这样一种本质性的变化，使每个人在支付行为的自主性上大大加强，所以对整个社会具有极大的影响。

理想的数字货币与传统的电子货币并不相同，它以精巧的数学模型为基础，模型中包含了发行方、发行金额、流通要求、时间约束甚至智能合约等信息。具体来讲，理想的数字货币应具备以下特性：

第一，不可重复花费性。这是最重要的一项，即不能“双花”。理想的数字货币不能像数字电影那样被反复拷贝，即使被重复花费，也可以被系统迅速查出。

第二，匿名性。即与传统纸币类似，若非持有者本人意愿，即便银行和商家相互勾结也无法追踪数字货币的交易历史和用途。这一点目前尚存争议，其实质是在用户隐私和打击违法犯罪行为之间找到一个平衡点。

第三，不可伪造性。众所周知，伪造人民币是犯罪行为，但在数字货币领域，这还是法律空白地带。

第四，系统无关性。数字货币应能够在多种交易介质和支付渠道上完成交易，具有更好的普适性和泛在性，可以复用现有的金融基础设施，能够为未来的数字经济提供有力支撑。

第五，安全性。用户在交易时无法更改或非法使用数字货币。数字货币的安全性不能只靠物理上（硬件上）的安全来保证，必须通过密码技术来保障超越物理层面的货币安全。从这个角度看，比特币倒是具备这一特性，它并不需要以物理硬件系统的安全来保证自身安全。

第六，可传递性。数字货币可以像普通商品一样在用户之间连续转让，且不能被随意追踪。

第七，可追踪性。数字货币的可追踪性应该是用户自身的权利，而不是商家或者是银行的特权。作为监管者，在司法允许的条件下，可以获得这个权利，但不能滥用。这是一把双刃剑，必须界定约束各方的权责。

第八，可分性。数字货币不仅能作为整体使用，还应能被分为更小的部分使用，只要各部分的面额之和与原数字货币面额相等，就可以进行任意金额的支付。比如 10 元可以分割为 10 个 1 元、两个 5 元等。

第九，可编程性。数字货币应可附加用户自定义的可执行脚本，为基于数字货币的数字经济提供智能化助力。基于此能力的数字货币自身的定义与用户敏感信息备案等功能尽可能由发行方控制，而一些支付路径和支付条件等应用功能应尽可能交给市场做，但得在底层做相应的支持并设定一系列的应用规范。

第十，公平性。支付过程是公平的，要么保证双方交易成功，要么回退，双方都没有损失，防止某一交易方在交易中占有不恰当的优势。

显然，数字货币是以数学理论为基础，运用密码学原理来保证货币的上述特性。其用到的主要加密算法有对称性密码算法、非对称性密码算法及单向散列函数（哈希函数）等，常用的技术有数字签名、零知识证明和盲签名技术等。

David Chaum 的不可追踪的密码学匿名现金系统有两项关键技术，即随机配序和盲化签名：随机配序产生的唯一序列号保证数字现金的唯一性；盲化签名确保银行对该数字现金的匿名背书。

比特币的出现是数字货币技术应用的新飞跃。比特币是一个互相验证的公开记账系统，具有总量固定、交易流水全部公开、去中心化、交易者身份信息完全匿名等特点。其特色是把通常意义上的集中式簿记分拆为约每10分钟一次簿记，簿记数据按时间顺序链接起来并广播全网，簿记的权利由全网竞争选取，以达到“去中心”之目的。比特币的簿记系统相当于央行的会计核算系统＋商业银行的核心业务系统（这两者当然也有区别，比如前者是“未花费的交易输出，UTXO”，后者是账户余额）。由于在比特币的簿记系统中，任何节点均可同步网络上的全部簿记记录，并且任意节点均可投入计算资源参与簿记权的争夺，因此如果不掌握全网50%以上的计算资源，就无法攻击这套簿记（链接）系统。

我们的目标是强化数字货币“中央”的集中统一管理，因此，可以反其道而行之。但集中式簿记系统的日益庞大与高效运转和安全可控需要有效的技术应对手段。某种意义上看，比特币的底层技术也可借鉴，比如考虑集中统一之下的分布式处理。

作为经典系统，E-Cash和比特币就像是一枚硬币的正反两面，有些关键特性可以参照研究。比如E-Cash每次交易都要对数字现金序列号的唯一性进行认证，而每个使用过的序列号都会被存储在数据库中，这样数据库就会变得越来越庞大，认证过程也会越来越困难。比特币的UTXO库简直就是为了解决E-Cash这一关键数据库无限膨胀问题的绝佳设计。已花费的数字货币与未花费的数字货币，两种思路遥相呼应。个人以为将来更为完美的数字货币系统设计，一定是升级版E-Cash和比特币的混合体。

数字货币当以移动互联网为基础，亦需考虑未来的物联网。根据全球移动通信系统协会（GSMA）公布的报告，到 2020 年，全球手机用户将增至 57 亿人。[①] 随着未来生物识别技术、安全芯片、人工智能等各种新技术的应用，手机移动支付前景被广泛看好。

数字货币技术已历经近四十年的研究，并成功应用于现代电子支付系统中。随着近年来第三方支付等业务的兴起，大众已经初步培养出非现金交易的习惯。因此，央行发行法定数字货币在技术手段和支付环境上都具有较好的可行性。

二、中国法定数字货币的构建思路

如何构建中国法定数字货币？我们借鉴了现有电子和数字货币系统（如 E-Cash、M-PESA、GDM、游戏币、第三方支付、比特币、BitMint 等，它们有的仅是试验系统，但具学术参考价值）的设计理念和应用成效，总结了四方面需要重点考虑的问题。

第一，便捷与安全。便捷性是获得市场认可的一个重要因素，安全性则是整个体系能够健康运行的基础。在权衡便捷性与安全性时，我们需要意识到商业机构可能更偏向便捷性，只要它们的利润可以覆盖安全风险方面的损失，但作为监管方的央行就需要优先强调安全性以防范系统性风险。不过，是否可以因为安全问题就一票否决设计方案？这一点仍需斟酌。

第二，实名与匿名。数字货币可以实行实名制，也可以实行匿名制，还可以两者结合。我国法定数字货币的设计考虑是“前台自愿，后台实名”。在大数据、云计算环境下，交易安全已不完全依赖传统

---

① http://www.techweb.com.cn/tele/2017-03-01/2493468.shtml.

的身份认证体系，通过客户行为分析保障交易安全、规避风险已经成为趋势。因此我的观点是，在宏观或中观上数字货币可以做脱敏的大数据分析，但微观上不可侵犯合法用户的隐私。

第三，简化交易环节。目前运营的电子货币系统主要基于银行账户，用户发送支付指令以后，后台账户就会产生资金划拨，而纯数字货币系统是否可以不与银行账户关联，或者通过其他方式简化清算环节，降低交易成本？这个问题值得思考。

第四，技术的融合与创新。区块链技术是下一代云计算的雏形，受各方瞩目，但成熟的企业级应用案例尚不多见。“私有云＋高性能数据库＋移动终端”与“私有云＋区块链＋移动终端”，有可能是两个既相互关联又有区别的思路。让中央更强大，让数据更安全，使终端更智能，让个人的支付行为更能动，一定是未来央行数字货币追求的目标。如果将区块链技术应用于央行数字货币的研发，是否可以对其进行必要的改造？面对大规模交易的速度和效率问题，区块链技术自身如何实现实质性突破？这些都是需要考虑的问题。

还有一些问题，比如在线与离线，曾经是很重要的课题，但由于网络的速度、可靠性、覆盖率等都在大大提升，这个问题的实际意义被弱化了。无处不在的网络使得离线的问题仅具学术研究价值，目前实际运转的较受欢迎的系统大都是在线模式。

虽然上述问题还需要深入思考并加以权衡，但并不妨碍我们对央行数字货币体系的设计原则和核心要素进行探索。

目前的设计原则主要有四点。

第一，管控中心化，技术架构分布式。法定数字货币的币值稳定是其最基本的属性，必须有中心机构来强制约束。中心化管控可以获取货币发行全方位的信息，有利于货币管理。从历史上看，货币刚开始被用于取代物物交换时，是呈非中心化涌现的，然后逐渐过渡到中心化管理，这是一个自然的过程。同样，数字货币时代依然需要中心机构来主导发行，并做好管控。

但任何物理上或技术架构上的中心点都是高价值目标，既是性能瓶颈，也是安全弱点。分布式架构可以提供更高的安全性和整体可用性，尤其是超大型的基础设施，比如互联网自身。

第二，易于携带和快捷支付。现在人们已经习惯了使用移动终端的便捷支付，这是非常好的基础，希望未来离线、在线均可完成便捷支付。

第三，匿名性。我们希望尊重个人的隐私，在系统中达到可控的匿名。

第四，安全性。安全问题怎么强调都不为过，作为中央银行必须审慎考虑技术系统和业务系统的安全性和容灾性。这是上述几条的基础。

抽象来讲，央行数字货币体系的核心要素主要有三点，即“一币，两库，三中心”。

“一币”即由央行负责数字货币的“币”本身的设计要素和数据结构。从表现形态上看，数字货币是央行担保并签名发行的代表具体金额的加密数字串，不是电子货币表示的账户余额，而是携带全量信息的密码货币。这个币的设计一定要把我们前面提到的理想数字货币应具备的特性考虑进来。在 2016 年科技部的国家重大科研项目中，有关数字资产的数字表达方式的研究是一个很重要的课题。新的货币必须具备全新的品质，以支撑全新的商业应用模式。

“两库”即数字货币发行库和数字货币商业银行库。数字货币发行库指人民银行在央行数字货币私有云上存放央行数字货币发行基金的数据库。数字货币商业银行库指商业银行存放央行数字货币的数据库（金库），可以在本地，也可以在央行数字货币私有云上。

发行库和银行库的设计让人觉得是对实物货币发行环节的模拟，但设计目标考虑更多的是给数字货币创建一个更为安全的存储与应用执行空间。这个存储空间可以分门别类地保存数字货币，既能防止内部人员非法领取数字货币，也能对抗入侵者的恶意攻击，同时亦可承载一些特殊的应用逻辑，这才是数字金库的概念。极端情况下，比如管理员的密钥被盗取，或者是服务器被攻击、中毒或中断链接，如何启动应急程序，保护或者重新夺回资金，保障业务的连续性，是设计的重点。

“三中心”即认证中心、登记中心和大数据分析中心。具体如下：

认证中心：央行对央行数字货币机构及用户身份信息进行集中管理，它是系统安全的基础组件，也是可控匿名设计的重要环节。我们可能做两到三层的认证体系，针对用户的不同有所区分。举例来讲，金融机构用户、高端用户的认证方式可能会用PKI，低端用户的认证方式可能会用IBC。

PKI（Public Key Infrastructure，公钥基础设施）体系可以很好地解决密钥管理、密钥修改的问题，但是该体系烦琐复杂，部署成本大。IBC（Identity-Based Cryptography，标识密码算法）是传统证书体系的发展，2007年国家密码局组织了国家标识密码体系IBC标准规范的编写和评审工作，该算法于2007年12月通过评审，正式获得国家密码管理局的商密算法型号：SM9（商密九号算法）。[①] SM9算

① 2016年3月，国家密码管理局发布了《GM/T 0044-2016 SM9标识密码算法》国家标准。

法采用具有唯一性的身份标识（如手机号、电子邮件地址、身份证号、银行账号等）作为公钥。IBC 算法解决了用户间传递加密信息必须事先获得公钥证书、加解密必须与管理中心在线交互通信的问题，大大降低了管理中心的负担和管理成本。

当然 IBC 私钥托管要求目前存在合规性问题，据专家说已经有了解决的办法，所以将来我们可能会将 PKI 和 IBC 进行融合改进。

登记中心：记录央行数字货币及对应用户身份，完成权属登记；记录流水，完成央行数字货币产生、流通、清点核对及消亡全过程登记。登记中心可能做两套，一套基于区块链，另一套基于传统集中式方式，优先考虑后者，因为我们还不确定区块链技术能否经受得住人民币海量实时交易的冲击。比特币的底层技术就是区块链，它通过加密算法、共识机制、时间戳等技术手段在分布式系统中实现不依赖于单一信用中心的点对点交易、协调与协作，可以为中心化机构普遍存在的数据安全、协同效率、风险控制等问题提供解决方案。

登记中心可谓全新理念的数字化铸币中心，传统的纸币有发行机构的信息，但不会有持有人登记的概念，更不会有流转过程中全生命周期的信息。这是技术进步的结果，当然反过来也会对技术系统提出很高的要求。这种理念的落地，还需要在实践中摸索，不可能一步到位，可以分层分级，有分中心，但它们之间如何高效交互是个需要深入研究的大课题。

大数据分析中心：反洗钱、支付行为分析、监管调控指标分析等。[①]

---

① 有关大数据分析中心，在《中国金融》2016 年第 17 期上我有专文阐述，这里不再赘述。

整体而言，法定数字货币的设计要点包括：第一，遵循传统货币的管理思路，发行和回笼基于现行“中央银行—商业银行”的二元体系来完成。第二，币本身的设计运用密码学理论知识，以安全技术保障数字货币的可流通性、可存储性、可控匿名性、可追踪性、不可伪造性、不可重复交易性与不可抵赖性。第三，货币的产生、流通、清点核对及消亡全过程登记，可参考区块链技术，建立集中/分布相对均衡的簿记登记中心。第四，充分运用可信云计算技术和安全芯片技术来保证数字货币交易过程中的端到端的安全。第五，充分运用大数据分析技术，不仅可以进一步保障交易安全，还可以满足反洗钱等业务需求。第六，数字货币的用户身份认证采用“前台自愿，后台实名”的原则，既保证用户隐私，又规避非法交易的风险。第七，数字货币本身的设计应力求简明高效，数字货币之上的商业应用尽可能交给市场来做，同时把技术标准与应用规范做好。第八，构建由央行、商业银行、第三方机构、消费者参与的完整的均衡有序的数字货币生态体系，保证数字货币的发行、流通、回收全生命周期闭环可控。

三、区块链技术

探索央行数字货币，不可能不对区块链技术进行研究，尽管区块链只是央行数字货币的可选技术之一。

区块链源于比特币，但又超越了比特币。现在学术界还没有给出区块链的标准定义。狭义来讲，区块链是一种将数据按照时间顺序组合成特定数据结构，并用密码学算法保证数据不可篡改和不可伪造的去中心化共享总账（Decentralized Shared Ledger），适合存储重要的、高价值的、简单的、有先后关系的、能在系统内验证的数据。广义的区块链技术则是利用加密技术来验证与存储数据，利用共识算法来新增和更新数据，利用运行在区块链上的代码——智能合约——来保证业务逻辑的自动强制执行的一种全新的多中心化基础架构与分布式计算范式。

尽管这里给出了定义，但我们一定要明白，定义本身也是枷锁，考虑到技术在进步，个人以为上述定义还得经受冲击，所以不要拘泥于现在的区块链结构，理念上一定要放开，要给区块链以后的发展留出空间。

目前，区块链技术的基础架构包括数据层、网络层、共识层、激励层、合约层、应用层。其中的每一个零部件都很常用，我们只是没有像区块链一样把它们组合起来。区块链的数据架构非常精巧，块与块之间的数据强相关，不能轻易更改。但这样做的缺点是修正区块链上的内容将非常困难，从而导致升级修复机制较差。

区块链分为公有区块链和许可区块链。公有链意味着所有的节点都可以加入，任何有计算机且有网络接入的地方都可以加入。公有链多采用 P2P 网络，节点数量庞大，节点可以随时加入或退出，导致数据被广播到全网耗时较长。但其优点也是显而易见的，由于网络的参加者数量庞大，使公有链非常不易被封锁。同时公有链具有极强的容错性，一旦开启，要关闭几无可能。公有链使用由众多节点构成的无中心的分布式系统来记录交易信息，任意节点都可以完整获取所有的交易记录，保证了信息的公开性、安全性、可信赖性。

对于金融机构而言，其系统的用户往往都是实名的，系统的数据往往涉及商业或个人隐私，需要有完备的数据访问控制，公有链的系统架构并不适合。因此，金融行业需要的通常是许可链，其区别于公有链的关键点在于，节点接入到系统中是否需要授权，公有链不需要，许可链则需要。授权可能来自于一个中心节点，也可能来自于许可链中原来的部分节点的共同授权。除了加入系统需要授权，许可链仍然保留了公有链的大部分特征。即便在许可链中，也不存在某个单一用户拥有对系统的绝对控制权。如果允许存在，那么这个超级用户就和通常数据库或者服务器的管理员一样，拥有随意删除或者修改许可链的数据的能力，这样的许可链与传统中心化数据库相比没有提高安全性，而使用这样的链也就没有什么特别的好处。由于许可链节点可控，数量较少，节点可以使用大型服务器和高速网络，因此，许可链可以达到的性能上限要远远超过公有链。

区块链与传统的分布式数据库有很大的差异，传统的分布式数据库的核心在于数据储存和数据查询，优势是通过分布式系统架构保证服务的稳定性及系统的容错性，提升系统性能。在分布式账本（区块链）中，其主要属性为不可更改性、可追踪性及数据存储的可靠性。这些固然是优点，但分布式账本也有自身的局限性，比如无法通过增加节点数量来提升性能、交易延迟长等。当然许可链在效率方面可以做实质性提升。另外，传统分布式数据库不考虑也不能够拜占庭容错，而区块链系统通常能做到这一点，至少会进行考虑。个人理解，这是因为我们的IT系统从封闭走向了开放，需要考虑的问题（尤其是抗攻击容错的能力）自然就多了。

现在区块链还很年轻，不到10岁，还在成长过程中，技术上会有不断的改进思路，比如分层、分片等。为了解决性能瓶颈问题，“闪电网络”是一个可能的发展方向，即主链下沉成为RTGS级别的应用，微小的支付上浮为闪电网络；“State Channel”则是对“闪电网络”在支付场景之外更通用的技术思路。在算法实现层面，也有不少手段可以使用。最容易想到的是通过硬件来提升加解密以及验签的速度，此外根据使用场景的不同，通过选用合适且经过优化的共识算法，可以提高许可链的处理能力。

可以说，区块链引发了一些全新的问题，比如智能合约，给人既智能又受法律保护的印象，但 The Dao 事件[①]使人们看到所谓的“智能合约”既非智能又非合同的缺陷，所以真要名副其实也许还有一个过程。目前能写合约的人不了解代码，而能写代码的人未必懂合约，这是一个显而易见的问题。就安全而言，如何编写一个没有漏洞的智能合约？通过一些形式化验证的手段，将来或许可以做到程序的实现没有 bug，但这并不能避免逻辑漏洞或者业务漏洞。而一旦智能合约出现漏洞，则会导致数字资产的损失，若在公有链上，较难采取补救措施。

区块链还有隐私难题，如何在一个共享的透明的账本上记录商业秘密，需要借助于密码学的最新研究成果或者新的突破，比如零知识证明、同态加密。因此，需要新的密码方案、传统信息安全领域的关键技术与区块链技术融合，齐头并进，协同发展。如果设计一个传统数据库与区块链结合的混合数据库，对链上链下数据区分处理，充分发挥各自的优势，对于区块链系统的普及意义重大。

当越来越多的数字资产迁移到区块链上进行跨链操作时，不同区

---

① 区块链物联网公司 Slock. it 计划将自己的系统 Universal Sharing Network（USN）向社区众筹并以 DAO（去中心化自治组织）的方式运作整个系统。后来发现其他项目也可以采用同样的募资机制，因此决定先以 DAO 的方式众筹一个投资基金：The DAO，意为“DAO 之母”，而 Slock. it 项目仅作为 The DAO 的其中一个投资项目。The DAO 项目曾众筹获得 1. 5 亿美元左右，但由于其编写的智能合约存在重大缺陷，遭到黑客攻击，导致 300 多万以太币资产被非法分离出 The DAO 资产池。

块链间的互联互通亦将成为必然。监管者面临的任务则更加艰巨，需要同步考虑制订相应的法律法规与技术标准，以加强监管，防范风险。

我们关注区块链，是因为数字货币系统以及前端应用的建设必须基于难以篡改和不可伪造的铸币（登记）中心，需要有高效率、高弹性、高安全性、层级化的铸币（登记）分中心，需要有货币流通全生命周期的全息记录，并在此基础上支撑全新的智能化商业应用。在这里，如何实现各铸币分中心所服务的商业网络之间的数据一致性需求，区块链尤其可以给我们提供全新思路的借鉴，比如共识算法。智能合约则是另一个方向的大趋势。但我们必须明白，这种借鉴是“拿来主义”，不可能生搬硬套，且不说技术本身还有个成熟度的问题，得根据实际业务需求在改造的基础上选择应用。这也是我们高度关注区块链技术进展的主要原因。

另外我们还需要关注其他的安全技术、可信技术，比如可信可控云计算，特别是芯片技术。网络上对我们最重要的就是我们的密钥，归根结底就是私钥。密钥的安全管理存储对于终端交易安全至关重要。现在的密钥管理方式包括：纯硬件、纯软件以及软硬件结合的方式。无论是手机集成商、移动运营商，还是芯片厂商、终端厂商、商业银行，都希望能掌控这个产业链真正的话语权，所以这个领域目前还处在竞争之中，到底如何，我们也在看。技术在进步，竞争迟早也会有个结果。

总之，央行数字货币在后台云端利用可信技术，前台利用芯片技术，传输过程采用信道安全技术，从而实现数字货币交易过程中的端到端的安全。需要特别说明的是，尽管我们重点剖析了某项具体的技术，但作为系统建设者，一定不要拘泥于任何技术，要有长期演进的技术理念。

交流与问答

提问：数字货币与传统支付方式有什么区别？

姚前：举个例子说明一下。我去楼下的小卖部买包 10 元的烟，典型的支付方式有几种：一是拿 10 元纸币给店主，然后我把烟拿走；二是使用银行卡刷卡；三是通过扫商店里的二维码用支付宝或者微信支付；四是用数字货币，从我的手机上把数字货币传到对方终端上。这几种支付方式的区别在哪里呢？用银行卡支付，意味着资金从我的发卡行通过后台到了小卖部的收单行。如果是微信和支付宝，则是从我的第三方支付账户到了小卖部的第三方支付账户，而这个第三方支付账户的背后还得依靠商业银行账户，其实质是从我的开户商业银行的账户上减掉 10 元，再把减掉的 10 元转到小卖部的开户银行的账户上。如果是数字货币，背后就没有这些动作了。数字货币本身就是货币，是 M0[①]，传递的就是价值本身，这意味着其流转可以把后台清算、结算的很多环节都省掉。这可以降低整个社会的交易成本，大大提升整个社会的交易效率。

数字货币可以不依赖于银行账户。你看比特币就是现有金融的体外循环，可以不依赖于商业银行。数字货币的存储媒介可以是手机、卡以及电脑等电子设备，支付方式可以是当面付、联机支付和脱机支付。从安全的角度看，数字货币是密码货币，它本身有密码算法来保

---

① M0，即流通中的现金，指银行体系以外各个单位的库存现金和居民的手持现金之和。

护，前端在移动终端利用芯片技术，后台云端利用可信技术，传输过程加密，其安全性极高。数字货币交易系统的安全，一方面依赖于传统的电子支付安全技术，另一方面依赖于区块链、可信云计算的系统保障。用户隐私方面，既要保护，又要规避非法交易。

实物货币从发行到流通会经历一个相对长的过程，从设计到印刷制版、印制、清分，到发行基金库，再从发行库到商业银行库，原料经历了所有这些才真正成为流通中的纸币，它的生产与发行及流通似有一个区隔。但是数字货币的信息流和资金流高度统一，其物流也虚拟化了，逻辑上它有发行库，由于数字货币的生产与发行高度关联，因此可以实现零库存。实物币的运营成本比较高，比如国内仅运钞车运输产业市场就有350亿元。2010年欧元区旧币回收，耗资1 000亿欧元替换了58亿张纸币。如果是数字货币，这些成本就可以大大节省了。所以说数字货币对整个实物货币的流通环节和运营体系的影响非常大，它会在很大程度上优化现有货币的运营体系。

提问：中国法定数字货币目前处于怎样的发展阶段？

姚前：现在正处于原型研发阶段。我们会找一些相对封闭的场景来做沙箱实验，严控风险。

提问：数字货币自己的价值是如何体现的，会不会产生货币乘数的问题？

姚前：我们说的“数字货币”是实物币的数字化，不要把它想成是在现有体系外再发货币。数字货币的产生有两种方式，一种是制定发行计划；另一种就是通过回收实物币，对等替换成数字货币，这样它跟实物币就是一样的。现在用的是第二种方式，当然也可以是第一种方式，但是第一种方式意味着原来的发行计划不会在总量上有突破。总体来看，数字货币的发行只是造成 M0 在构成结构上发生变化。

数字货币的发行与流通会造成货币乘数变动的问题，直觉和学术研究的结论是货币乘数增大，具体得做定量分析。

提问：为什么央行不直接对个人进行数字货币的发放，而要通过商业银行？

姚前：中央银行直接面对个人客户提供服务，理论上可以探索，实际上不容易做到。某种意义上说，分层是为了现有的体系，也是为了能把事情做起来。从业务的角度来说，将发行货币的功能和经营货币的功能分开是必要的，可以发挥中央银行和商业银行各自的优势，降低整体货币管理和货币运行成本。从技术的角度来说，如果不做分层处理，可能处理不了这么大的交易量。以中国 13 亿人口计算，每人每天 5 笔交易，折算成每秒钟要处理的量是非常大的，这还没算 B 端用户的量。

我们考虑问题得实际点。

提问：数字货币是高度依赖于密码技术的，如果现行的密码技术被攻克，数字货币怎么进行防护？

姚前：纸币也会有假钞，攻和防的矛盾也许是永恒的话题，攻的能力进步了，防的能力也不会故步自封，也会相应提高。所以不必杞人忧天，这两者是相互促进的。

我们需要考虑的是：一是要用国产密码算法，要用国家队的技术。二是这件事还涉及网络安全、数据安全、系统安全、应用安全等方方面面，必须注重技术手段、机制设计和法律法规三个层次的协调统一，构建一个兼具安全性与灵活性的简明、高效、符合国情的法定数字货币发行流通体系。

安全问题总是存在的，作为做实际工作的人，每天都会面对它。我们原来管征信系统，尤其是互联网查询系统，每天都会面对攻击，我们的技术团队戏称“无过就是功”。要尽可能屏蔽掉大概率发生的事件，预防小概率发生的问题。

（整理：李凯、曾渡、邹达、刘子琪）

第6讲

DIGITAL FINANCE

区块链与金融业应用前景

2016年9月30日

肖 风

肖风，南开大学经济学博士，中国万向控股副董事长、万向区块链实验室发起人。曾就职于中国人民银行深圳经济特区分行。

一般认为区块链是属于价值互联网阶段的第二代互联网，但人们发现通常互联网公司不关注区块链，反而其他公司对其更为关注。近期 IBM、微软、Intel 开始在区块链方面投入许多资源。IBM 原来一直在人工智能方面投入很多资源，最近已经将人工智能下最重要的认知计算和区块链合并成一个新的事业部。隐藏在背后的逻辑是，人工智能不是技术问题，而是数据问题，只有通过海量的数据去训练机器，才能实现人工智能应用。但是，数据掌握在谷歌、Facebook、阿里、腾讯等互联网公司的手中——IBM 没有，微软也没有。

那么，为什么互联网公司对区块链表现得不是十分热衷？因为当互联网公司手上握有海量的数据后，它们首先会在人工智能和虚拟现实方面提高自己的能力，毕竟其与公司未来的前途息息相关。但是 IBM 和微软发现，虽然它们投入了大量的人力、物力去从事人工智能方面的研究，但因为没有掌握数据，所以没有取得显著的成果。那么不掌握数据的公司能做什么呢？我认为这些公司可以集中精力研究区块链，因为区块链是一种技术，而技术是中立的。也许在技术研发方面，这些企业可以展示自己的竞争优势，并提升自己的核心竞争力。但是，人工智能的发展可能最后要取决于拥有海量数据的互联网公司，它们在这方面更有前景。

前不久，谷歌也宣布开始提供区块链的云服务。我认为半年以后互联网公司会纷纷在区块链方面投入更多的资源。目前阿里和腾讯内部已经组建了非常大的团队来研究区块链，它们已经意识到区块链可以解决点对点的连接问题，而互联网的最终目的就是要更好、更方便地解决人与人之间的连接问题。

一、区块链的背景

（一）区块链的背景

第一，政治学背景。无政府主义思潮自从人类社会产生以来就存在，尽管不断有人怀着无政府主义的思潮建立各种各样的乌托邦，但是到目前为止没有任何一个无政府主义的实验成功过。区块链技术是一些持无政府主义价值观的技术极客尝试用一套新的方法在虚拟空间里建立一个“去中心化”的社会。所谓“去中心化”，是指没有政府，没有中介，没有任何管理，完全自由地在网络空间里发挥自己的意志。世界上任何颠覆性的技术革新，其实都是持强烈价值观的人所创造的。

第二，经济学背景。区块链技术非常完整地体现了自由主义经济学派的很多观点，比如货币的非国家化。比特币是区块链上第一个比较成功的运用，目的是为了让每个人都有发行货币的权利，尽量去掉政府的干预和控制，这在技术上体现了自由主义经济学派的一些主张。

第三，社会背景。凯文·凯利所著的《失控》一书描述了当人类社会从工业社会向信息社会转型的时候，整个自然、社会、科学技术可能会面临一个新的技术架构的诞生。《失控》完整地叙述了“分布式系统”的概念，最后总结了在信息社会中新进化论的九条规律，其中第一条规律叫分布式。随着人类社会逐渐向信息社会发展，数字化程度越来越高，一切都在朝着分布式的结构演进。区块链就是一个典型的分布式结构，更准确地说，区块链是一个建立在分布式网络基础之上的技术架构。

除了这些社会背景之外，区块链本身也是互联网进化的一个阶段。2009 年 1 月，比特币区块链正式上线运行，在此之前的互联网可以被笼统地称为信息互联网阶段，其最核心的功能是解决信息的发布和传输。区块链技术的产生预示着互联网技术第二个阶段的到来，即价值互联网阶段，希望能够在互联网上传递价值或交换价值，甚至使得传递资金能够像发信息、发邮件一样方便。区块链同时是产业互联网的基础，产业互联网也被称为工业 4.0、物联网。IBM 在 2014 年发布了《物联网白皮书》，预测 2050 年全球联网的设备将会超过 1 000 亿台，而目前的通信技术和数据库技术都无法支撑如此多的设备。没有足够的宽带能够把这 1 000 亿台设备每分每秒的数据传输到数据中心，然后存储、清洗、分析，最后返回使用。IBM 最后得出的结论是：区块链是将来物联网和产业互联网最优雅的解决方法，这 1 000 亿台设备的数据将不会传送到中心化的数据库中，而是以点对点的方式完成，因此两个设备之间的信息交互问题完全可以自己解决。这种解决方法依据的就是区块链技术，因为只有区块链能够保证并确认设备不被黑客操纵，设备在应用了区块链技术之后获得了自主、自觉的能力。

（二）区块链的技术

区块链最底层的技术实际上也是通信技术发展的一个新阶段，三年前华为内部决定进行转型，要成为ICT（Information Communications Technology，信息和通信技术）服务提供商。在这之前，华为只是一家CT（Communication Technology，通信技术）服务提供商，客户主要是电信运营商。但转型ICT之后，华为的客户开始把终端客户包括进来。华为最早是CT服务提供商，微软是IT服务提供商，这两种技术最后结合起来，形成了ICT技术，ICT服务商提供了软件级、平台级、基础设施级服务。

2015年1月，美联储发布了一份工作报告，称美国整个金融体系在过去几十年里，其最底层的通信技术架构主要基于电子通信技术，一直没有得到改善。中国的金融体系也是如此。美联储认为，区块链技术成熟后，美国金融体系最基础的技术架构应该由电子通信改为IP网络。这说明了什么？众所周知，微信和支付宝架构于IP网络之上，所以能做到7×24小时随时随地服务。就连大街上卖烤白薯的都挂着“接受微信支付”的牌子。而架构在电子通信技术上的银行体系做不到点对点支付，只有架构在IP网络上的金融支付才能够做到。它们是完全不同的技术基础。

区块链能够诞生，与ICT技术的发展有很大的关系，区块链用到的技术并不是现在才发明的，十年甚至几十年前就已经存在。区块链上最核心的共识算法，1964年的时候就有数学家在研究；区块链最底层的点对点的通信技术，也在20年前就已经被人使用过。但如果没有ICT技术，这些技术就无法集成在一起，无法形成区块链的整体系统。

区块链是互联网中的一个通用协议，用于解决在网上点对点、端到端、个人到个人的价值传输和资金汇兑。互联网最重要的协议之一是HTTP（超文本传输协议），只有用统一的HTTP搭建网站，不同的用户才能够在网上互相找到对方想提供的信息。如果将HTTP看成互联网的信息传输协议，区块链实际上就是互联网的价值传输协议，基本上是一个和HTTP平行的通用协议，它的第一个业务就是比特币。区块链最早是为了货币的非国家化而设计的，不需要授权就能发行货币，到现在为止在区块链上发行的货币有700多种，但市值只有120亿美元，其中只有两种货币具有一定的价值，一是比特币，大概占110亿美元；另一个是以太币，约占10亿美元。

（三）区块链的结构

区块链本身是一个类似于TCP/IP网络的分层结构，可以看成四个层次，分别是网络层、数据层、通用协议层和商业应用开发层。

1. 网络层

处于最底层的是网络层，也可以叫通信层。网络层中最重要的是公有链和私有链。

公有链就是像比特币这样的区块链。以比特币为例，它有两个特点：第一，任何下载比特币客户端的人，自动成为比特币区块链上的节点之一，不需要任何人许可，就拥有复制整个比特币数据库的权利，同时还可以通过下载了比特币终端的电脑来根据一定的规则行使决定权，投票决定什么样的账可以记下来、什么样的账不应该记下来，什么样的账是真实的、什么样的账是虚假的。第二，任何人在公有链上所拥有账户的信息是全网公开的，当然账户本身是受密码学保护的。比特币自发行至今约有7年的时间，在没有中心服务器、运维人员、管理人员的情况下，每秒钟能承载7笔交易或支付，且没有出现过错账。

金融机构也希望自己的网络能够拥有公有链的特点，从而大幅降低成本、提高效率。但银行不能允许客户的银行账户余额全网公开，而且记账员需要得到银行的许可，因此推动银行开始做私有链。私有链就是某一个机构为满足自身需求而单独做出来的区块链。它与公有链最大的不同在于：第一，所有人要成为私有链节点之一，需要得到管理机构（银行等）的许可；第二，私有链上的任何一个账户余额都不能向全网公开，以满足合规要求。私有链产生后，银行与银行之间如何对接？这又推动了几家银行共同建立统一标准、统一通信接口的联盟链。

2. 数据层

区块链的第二层结构为数据层。区块链是一种分布式账本，其实就是用数学方法进行记账，这种记账方法是共识算法。此外，账户还需进行数据加密和隐私保护，因此产生了加密算法。共识算法和加密算法共同构成了新式分布式数据库，这就是区块链的数据层。数据层可以单独对外提供服务，现在区块链的很多成熟应用就来自于新式的分布式数据层。

3. 通用协议层

区块链的第三个层次是通用协议层，互联网的 TCP/IP 网络也有一个通用协议层。通用协议层是怎么产生的？现实中如果利用数据库进行商业应用，可能会缺少相关工具。比如银行想应用区块链技术，但不允许账户余额向全网公开，就会出现一些问题。分布式网络上第三方记账的优点在于真实性、可靠性，因为第三方记账没有造假激励，能够保证所有录入的数据都是真实的。但如果不披露账户余额，银行就无法使用第三方记账。于是密码学家们开发了隐私保护协议，对所有银行账户的信息进行密码学的信息转换。这时候第三方记账员不需要知道账户余额，只需通过密码学的算法了解账户中确实存入了资金。除了隐私保护算法，还有智能合约、分布式存储等技术。

4. 应用层

在前三个层次的基础上，有了区块链的商业应用开发层。目前大家一致认为，区块链能够应用的第一个行业就是金融业，因为金融业足够数字化。其他行业也可能是数字化的，但会涉及很多线下的事物，比如物联网。区块链技术应用前景最大的行业除了金融业，就是物联网。

二、区块链是什么?

总体而言，区块链是一个互联网的价值传输协议，代表着互联网发展的第二个阶段，解决信息传输和价值传输的问题。在区块链上已经可以做到像发送信息一样便捷和低成本地发送资金。根据世界银行的报告，跨境小额支付的成本约为 12%。如果把 2 000 美元从中国汇到美国，可能涉及五家以上金融机构，同时要收取 10%以上的中间费用。但在区块链上，能够把成本降到零。比特币区块链可以借助矿工来帮它记账，这些矿工的激励是比特币，而不需要支付费用，所以实际上交易成本几乎可以降到零。目前，拥有区块链技术的公司正在与国内的银行和第三方支付公司谈判，设计跨境支付费用为零的模式，银行从现钞现汇的差价里赚钱。最后协议能否达成暂时还是未知数，毕竟涉及境内外银行。世界银行报告指出，全球小额汇款一年支付的手续费共计 200 亿美元。如果能够把跨境汇款每年 200 亿美元的手续费变为零，那将是最大的普惠金融，也是全球最大的扶贫计划。

（一）价值互联网的特点

区块链是一种价值互联网，具有以下几个特点。

第一，价值交换的唯一性。在信息互联网上，无论是发一封邮件还是发无数封邮件，最后不外乎两种结果：一是本地邮箱里原始邮件还被保存；二是本地邮箱里原始邮件一并消失。但如果是支付的话，当你把钱支付给其他人之后，账户里的资金会一并消失。价值互联网就是要做到让价值交换具有唯一性，无法像发信息、发邮件一样重复支付。

第二，算法驱动。价值交换的信任关系不再依靠中介机构，而是依靠一套数学算法。卢克·多梅尔的《算法时代》一书指出，随着人类社会越来越数字化，将来许多东西不再由中介渠道、银行的物理网点渠道推动，价值交换的信任关系将依靠算法来驱动。

第三，可编程性。互联网上的价值交换采用数字货币作为交换媒介，而基于区块链上的数字货币被赋予了编程功能，任何一笔以数字货币作为交换媒介的价值交换，都是代码的交换。各国央行，包括中国人民银行，都在研究如何发行数字货币。利用数字货币的编程性，可以对央行发行的任何一个货币背后附上一段代码，从而可以追踪任何一元钱的踪迹，能够更加方便、精准地执行和考量货币政策，这是央行之所以发行数字货币的理由。

第四，零边际成本。进入数字化时代，在算法驱动下的价值交换，其边际成本为零，交换不存在摩擦。

（二）区块链的特点

除了以上价值互联网方面的特点，区块链本身还有三个特点。

第一，区块链是一种新型分布式数据库。首先，公有链的数据库是开放的，任何人不需要经过允许就能成为数据库的管理人员，只要下载了公有链（如比特币）的客户端，就有权利复制数据库的所有账簿。如果幸运地抢到了记账权，任何人都有机会成为本次数据库的数据录入员。其次，数据库具有去中心化的特点，没有人拥有超级密码，任何人都无权对数据进行任何篡改。任何想要记录数据的人，需要用自己的计算能力去解决一段密码学问题，谁先解决了就抢到了这次记账权，能够帮别人记一次账，并可以得到这个系统新发的代币（如比特币）作为经济激励。得到的比特币和帮谁记账无关，记账员自己不知道在帮谁记账，被记账的人也不知道谁在帮他记账，两者之间不发生任何激励关系，系统是依据一套算法规则自动发出新的比特币，而比特币在某些市场是具备很高的交换价值的。

第二，分布式账本。学术界认为现代金融发端于意大利，文艺复兴是从意大利开始的，莎士比亚的《威尼斯商人》讲述了文艺复兴时期意大利人从事跨国远洋贸易，跨过土耳其到中国经商。之后整个土耳其被伊斯兰化，欧洲通往亚洲的贸易通道被堵塞，西班牙、葡萄牙人为了重新找到印度和中国发现了大西洋。跨国远洋贸易在当下仍然是非常复杂的贸易，因此它需要复杂的金融服务来支持。《威尼斯商人》实际上反映的是远洋贸易流程复杂、所需资金量大、借贷风险高，需要复杂的金融服务来支持，金融为了支持复杂的贸易，就需要量化每一次远洋贸易，于是意大利人首先发明了复式记账法，现代金融业由此从佛罗伦萨拉开帷幕。

几百年过去以后，人类的记账方法第一次发生了本质性变化，从复式记账法进一步走向了分布式账本。复式记账法的缺点之一就是各自记账，因此存在记假账的问题，所以要利用会计法、第三方审计和司法制度等方式来进行约束，阻止不同公司记假账。分布式账本对复式记账法有以下几个方面的改进。

（1）实时性，不同的机构不再是各自记账，而是在同一个账本上记账，比如贸易商、银行和物流公司在一个账本上记载同样的事情，这种技术被称为总账。总账的改变大大简化了所有金融结算方式，比如银行系统一定要在下午5点关掉对公业务，否则当天没有时间结账，因为任何一家银行都无法做到信息流和资金流的同步。通常而言，跨行结算是净额交收，但落实到具体账户上则需要次日上午才能结算。比特币是如何完成这种交易的呢？比特币交易能够做到7×24小时跨时空进行，这得益于总账，所有人都在一本账上记录比特币的信息，当一笔钱从这个账户挪到另一个账户上，一旦对方确认收到这笔钱，清算就已经结束。不存在平账问题，所以能做到实时交收，与银行的营业时间无关。

（2）多种事务一本账，原来不同公司分别记账，银行记资金流，物流公司记物流。而在总账技术下，多种事物可以在一本账上进行记录，所以区块链可以被用于改造供应链金融和贸易金融，其涉及很多不同的行业，这是区块链对贸易金融和供应链金融的极大改善。

（3）真实性，第三方记账的激励是由系统算法提供的，因此能确保记录的所有数据的真实性，而且无人有权更改数据。数据的真实性、不可篡改性、可追溯性、可审计性大幅提高，这对审计机构是一个巨大的冲击。当总账出现后，第三方审计机构的作用和价值大大降低。

（4）去中心化，不再需要中心机构来维护数据的真实性，一套数学算法就可以解决所有的问题。

第三，区块链具有可编程性。比特币是可编程的货币，利用比特币付款的时候，可以附上一段计算程序，对这笔钱的使用提出约束，能够真正做到追踪每一个比特币的任何一次流通。2016 年 10 月，汇丰银行发布过一份关于区块链的研究报告，说央行应该使用区块链技术精准地执行货币政策。比如央行降准释放了 3 000 亿～4 000 亿的数字货币，可以对这笔资金附上代码和程序，使得银行资金不能进入房地产行业的要求真正被执行，因为它会自动识别房地产行业相关的银行账号。这种可编程性衍生出智能合约，这是利用区块链的可编程性设计的、能够自动执行合约条款的计算机程序。但智能合约不是 AI（人工智能），只是能够自动执行的计算机程序；智能合约也不是法律合同，只是人对程序的约定。大家往往会忽略区块链的可编程性特点，尽管其将来可能会给整个经济带来巨大的影响。2011 年，美国一家著名的 IT 咨询公司在迈阿密会议上提出了一个新概念，叫可编程经济——随着社会与经济活动越来越数字化，以及计算机技术的越来越成熟，经济活动将进入完全自动执行的阶段。可编程经济的基础是区块链，数字货币是可编程货币，在此基础上通过智能合约技术，把金融交易变成了可编程金融，然后才能产生可编程经济。

三、数字货币

历史上一直存在私人货币，中国人民银行前副行长吴晓灵在 2014 年的一次演讲中提出，数字货币实际上属于私人货币一类。中国目前最典型的私人货币就是腾讯 Q 币，它在某一个特定的社区中通行。但 Q 币是由一个中心化的机构发行的，数字货币是依靠计算机算法发行的，这是两者最大的不同。并不是只有央行发行的货币才可以成为数字货币，在区块链上的数字货币真正体现了哈耶克提出的“货币的非国家化”。数字货币有以下四种发行类型。

第一种是法定授权，央行发行。

第二种是算法模型发行。依据一套算法模型，比特币大概能产生2 100万个数字货币，2016年7月份之前，每10分钟可以发出25个，每四年减半，目前为止每10分钟发出12.5个，到2140年最终发出2 100万个。所以有人认为它比央行的财政制约更加有效，它是依据算法模型定时定点发出新的比特币。

第三种是众筹发行，最典型的代表是以太币。以太币是一种新的区块链，也是公有区块链。比特币区块链的最初设计者们主要侧重于货币发行的非国家化，以太坊区块链则更加侧重于金融交易，在以太坊区块链上可以编写复杂的智能合约来帮助金融机构自动执行复杂的金融交易。以太坊区块链的货币其实也是依据一套算法产生的，一共能够产生4 000万个以太币。但和比特币区块链不同的是，它有一半以上的货币是通过一次性众筹发行的。

以太坊区块链的创始人Vitalik Buterin是一个俄罗斯籍犹太人，6岁移民到加拿大，上大学一年后辍学，20岁的时候写了一本技术白皮书，宣布要建立一个新的区块链，使得所有的金融交易在新区块链上都能变成自动执行。在技术白皮书发布之后，他一共筹得1 800万美元来支持开发以太坊区块链。2015年7月，第一个版本上线，初始时一个以太币价值0.3美元，大家都可以用编程脚本来编写不同应用场景下的智能合约。目前为止，这种以太币的价格在10～15美元之间波动。虽然它不是股权众筹，也不是产品众筹，但大家仍然得到了非常丰厚的回报，因此被称为众筹发行。

第四种是资产锚定。以黄金为例，假设有两家公司把黄金存放在曼哈顿岛上的一个金库里，然后把金库的仓单映射在区块链上，发行以黄金做抵押的数字货币。在购买数字货币的同时，也购买了一串条码，该串条码表示金条在曼哈顿岛下金库里的几排几号，买完之后就可以飞到纽约把金条取出来，这是形式最简单的一种资产锚定。在区块链上，现实社会中的资产可以被用于货币形式的筹资，实际上这种发行直接跨过了所谓的“资产证券化”。美国和英国在法律上都允许将产权登记在区块链上，然后向全球任何人发行数字货币，而不再需要银行。

这些数字货币拥有不同的发行方式、不同的形式和不同的建立信用的方法。比特币依靠一套严格的算法来建立信用，以太币依靠智能合约的使用价值和前景来建立信用。

比特币更多的是作为交换媒介，很少有人购买比特币是作为投资或保存，因为它的价格波动太大。比特币的账户就是一串密码，谁拥有账户的私钥，谁就拥有账户里比特币的所有权。利用比特币可以在1分钟内将人民币转换为美元：先用人民币购买比特币，然后将私钥告知购买人，他就可以在美国的比特币交易所卖掉比特币，转换为美元，比特币只是汇兑的交换媒介。

四、区块链在金融业的应用

（一）区块链在金融业的应用趋势

区块链在金融业的应用趋势，可以用四个“2”来进行总结。

第一个“2”，主要有两种人在应用区块链。一种人被称作币圈，他们不关注区块链在其他行业的应用，只关注用什么芯片能更快地比别人得到更多的新的比特币和如何炒卖比特币或其他类型的数字货币。另外一种人被称作链圈，这些人更关注区块链在各个行业的应用。

第二个“2”，区块链有两条不同的应用路线。一条是区块链技术的原教旨主义者，技术极客们认为只有公有区块链是有价值的，私有链和联盟链均没有价值。另一条是传统的金融机构和政府监管机关，认为公有链不可接受。公有链有四个特点，一是原生货币，发行自己的货币来维持社区生态。以太币创立时发行部分以太币筹集了1 800万美元，上线后还预留了一部分以太币，在算法模型里埋藏一部分在系统运行中作为激励不断地释出。但政府和银行不接受这种法定货币以外的其他货币，因此两边产生了分歧。二是公有链完全强调去中心化，银行如果完全去中心化，将不复存在。三是共识算法决定了如何录入数据。比特币的记账方法一年大约需要花费相当于丹麦一个国家的电力，是一个极其耗能的算法，性能也不足以支持金融交易。四是隐私保护政策，银行需要对账户余额进行保护，但比特币区块链不需要对账户中的余额进行保护。具备了这四个特点，就可以被称为公有链，但如果去掉原生货币、弱化去中心化、改变共识算法和隐私保护算法，就不再是区块链，而往往被叫做分布式账本。所以政府监管机关和银行更关注分布式账本，而币圈的人更关注区块链。

第三个“2”，目前为止在应用上存在两个层次。一是数据层面，已经有了很多成熟的应用，比如利用数据的真实性、不可篡改性、可审计性、可追溯性的特点，可以进行数据公证。利用区块链分布式数据库的可追溯性、可审计性特点，可以记录数据指纹。二是各行各业+区块链应用层面，目前金融行业的应用仍在研发之中。

第四个“2”，区块链在金融行业中的应用有两个重要的特点。一是清算和结算随着总账技术的应用，原来银行的净额交收可以变成逐笔交收，金融体系能够维持 7×24 小时运转。二是区块链能带来点对点、端到端、随时、随地、随需的金融服务。现在去银行网点的次数、银行卡使用的次数、信用卡的发行量、现钞的印刷量都在大幅度下降。微信支付和支付宝支付已经完全脱离了银行账户体系，这是金融行业利用区块链的很重要的两个原因。

（二）区块链在金融中的重要概念

区块链在金融业中的应用涉及四个重要概念。

第一，结算币。瑞银集团（UBS）近两年一直在做结算币的研发和实验。结算币是区块链上专门用于结算、类似于筹码的东西。有了结算币后，利用智能合约，任何金融交易都能用结算币来进行自动结算，实现完全的自动化。在分布式总账上，交易一旦被确认，结算就结束。交易、清算和结算是同步完成的，结算币的使用可以帮助银行节省中台、后台行政部门的人员，有助于银行降低成本。

第二，逐笔交收。银行的结算方式在区块链上会发生很大的变化，净额交收将变成逐笔交收，逐笔交收带来的就是系统 7×24 小时的运转。

第三，数字代币（coin）。在区块链上发行的所有数字资产都被叫做 coin。英文里有三个表示货币含义的词汇：currency，money，coin，其实代表了三个层次。currency 是央行角度的货币，往往用于对利率、汇率和市场流动性的管理；money 是金融机构、银行的资金；coin 原指散钱、零钱、小钱，但现在这个词在区块链上代表了可编程的货币、资产的货币化。

第四，数字资产。现在我们所有的财富实际上都来自于现实世界的物理结构，比如房子、土地，都跟某种原子结构有关。随着人类社会的数字化迁徙逐渐完成，人类财富的另外一扇门正在打开——数字财富。将来数字资产的财富总量会比现实世界的财富总量大得多，因此数字资产的概念在未来会越来越重要。数字资产包括数字货币和可以货币化的其他资产。

（三）区块链在金融应用中的主要瓶颈

区块链到目前为止仍然是一项还不能真正应用到金融生产环境中的技术，主要有三方面技术瓶颈。

第一个是共识算法。依据比特币的共识算法——PoW（工作量证明机制）——每秒钟只能完成 7 笔交易。但上海证券交易所最高峰值可达每秒 20 万笔——2015 年支付宝“双 11”的时候，峰值也曾经达到每秒 8 万多笔。如果这个共识算法得不到优化，就无法应用到金融交易的生产环境当中去，因为它无法支持高频度的交易。

第二个是加密算法。加密算法就是对账户信息进行保护的算法。加密算法在理论上有很多种，但到目前为止技术仍然不够成熟，可能需要很长时间才能完成加、解密，将性能提升到符合金融交易的水平，支持高频次的金融交易。

第三个是智能合约。网上编写出自动执行的计算机程序后，需要对技术上的漏洞和逻辑上的错误进行检验，但现有的人力不足以支持高频率的智能合约检验。现在有人正在利用数学办法做形式化验证，但目前为止还没有完全达到生产级别。

这三个是技术瓶颈，导致目前区块链技术仍然处于实验室阶段。

要想彻底解决这三大瓶颈，大概需要两到三年的时间。

（四）区块链在金融应用中的三大风险

目前区块链面临三大风险。

第一，私钥或钱包密码丢失后不可查找。区块链上的数字资产和现有银行账户最大的不同在于银行账户必定有第三方管理机构，而区块链上的财产私钥是在网上自动生成的。比特币区块链上 32 位的私钥是财产所有权的唯一证据，一旦丢失，无法查找。

第二，算法出现漏洞或错误的时候，损失可能会非常大。

第三，操控账本。公有链上的共识机制使得没有人能篡改数据，但如果拥有了区块链上超过 51%的计算能力，就可以操纵账本。目前比特币区块链的计算能力是 1 400P，每一家都很难拥有超过 51%以上的计算能力。但对于一些小的区块链，由于节点少、计算量小，很可能出现某一家计算能力超过 51%的情况，这就会产生重写账本的问题。比如一个月前，有人在以太坊区块链上做了一个智能合约，设计了一套计算机程序来担任基金管理人的角色，众筹了 1.6 亿美元的资金。但智能合约在设计上存在漏洞，黑客依据这个漏洞转了 6 000 万美元到一个子账户上。当然，虽然黑客把钱从主账户上挪到了子账户，但是不能立马取现。公有链的账户是透明的，所有人都可以看到账户被挪用了 6 000 万美元。公有链的原教旨主义者认为，区块链是去中心化的，黑客通过运行软件挪用了钱也不应该被制裁。另外一些人持反对意见，认为应该交由司法机关解决。第三种声音则支持修改账本，比如这笔钱是今天下午 3 点被人挪用的，那可以将账倒回 2 点 59 分，重新记账。最后，通过网上投票的方式，决定重新记账。所以区块链依靠计算能力来记账和改账，但是需要达到超过一半以上的计算能力共同确认才能改账。

交流与问答

提问： 我有两个问题，第一，如果不同货币之间想要进行低成本互换，可以怎么做？第二，不同的区块链公司可以做到低成本和快速转让，如果所有公司都可以如此有效，那么市场的竞争机制是怎样的？

肖风： 区块链技术也不是万能的，共识算法如果像比特币区块链一样强调去中心化和公平，整个算法就会缺乏效率，可能需要耗费很长时间才能确认一笔交易。因为除了要向全网公告外，还要得到其他人的确认，这笔交易才可以完成，所以肯定要在效率和公平之间找到一个平衡点，然后建立一个新的适用于这种金融场景的共识算法。如果强调公平，就偏比特币；如果强调效率，就更加偏中心化的计算方法。区块链技术用来解决多边多方共同记账的场景特别有效，比如供应链、跨国贸易（港口、海关、商检、轮船、接驳铁路）等。但比如工商银行的内部转账，中心化机构比区块链模块更有效。所以目前为止，区块链在跨境汇款方面有其独特的价值，但是在国内，尤其在某一银行内部，并不见得一定要使用这种方法。即便是支付行业，微信支付和支付宝已经做得很好，不一定需要用到区块链技术。

关于第二个问题，基于比特币或以太坊区块链的支付，中间一定存在交换媒介，否则就要依靠现有的汇兑机制，但现有机制无法降低成本。一般而言，区块链的跨境汇兑在小额业务方面更加安全，但大额支付或汇兑汇款则涉及安全和法律问题。

提问：我有两个问题，第一，现在是否可以通过买卖比特币的方式将人民币汇出海外，如果不能，是什么原因？第二，区块链技术方面是否有比较好的创业项目？

肖风：境内人士用人民币在境内比特币交易所买比特币，交易对手也是境内人士，因此该笔人民币是留在境内的，但买来的比特币是可以在境外交易所卖出的，收取的等额外汇既可以留在境外，也可以汇回境内。资产可以出境，但人民币不会出境。2015年以来，当人民币贬值预期较高时，人民币购买比特币的价格和美元购买比特币的价格确实产生了脱节。几个月前，人民币购买比特币交易价格为3 800∶1，但同时在美国的比特币交易所，用美元购买1个比特币只需3 200多人民币，中间差价大概为500人民币，说明当时人民币对比特币的需求太高，导致人民币购买比特币的价格脱节。但毕竟量不大，央行并没有介入管理。

至于创业机会，《区块链社会》一书中写了258个全球区块链应用的案例，不同行业的应用都有案例分析，可以参考。

提问：第一，关于金融监管，因为区块链可以脱离外汇监管局的管制，本质上是一个可以套利的机会，那么它对传统金融行业会产生怎样的冲击？第二，您刚才提到区块链技术可以让交易在很短的时间内完成，但是最近由于电信诈骗案的出现，在ATM机上向非同名用户转账，要24小时才能到账，您怎么看待技术的先进性和安全的矛盾性？

肖风：你说的第一个问题比较好解释，比特币市值110亿美元，所以每天不可能有大笔的人民币交易。中国对比特币的监管是最宽松的，2013 年中国人民银行、工业和信息化部、银证保五部委联合印发了《关于防范比特币风险的通知》，认定比特币是一种特定的虚拟商品，买卖比特币像其他商品一样只受税收的监管。监管最严的是欧洲，欧盟认为比特币就是货币，所以比特币交易要取得牌照。在美国，比特币被认定为大类资产，监管比一般商品要严格。毕竟现在比特币体量很小，对金融市场的扰动几乎可以忽略不计。当其市值变成 1 000 亿美元的时候，可能各国就会把它认定为货币，或是至少认定为大宗商品，对它的监管也会更加严格。

第二个问题，全球有很多创业公司在研发利用区块链做身份识别、身份认证。大家都一致认为区块链的数据结构适合建立数字化身份，可以更严、更好、更高效地执行反洗钱等工作。截至目前区块链当中已经有小部分数字身份确认的应用。

提问：我问两个问题。第一个问题是区块链数据应该如何定价？还有一个是区块链如何应用到智慧城市当中？

肖风：关于定价问题，由于区块链具有“去中介”的特点，需要点对点双方定价，即完全是市场讨价还价得出的价格。区块链应用于智慧城市的最好案例是爱沙尼亚。爱沙尼亚率先采用数字公民身份证，并向全球开放。在历史上，俄罗斯和东欧国家的数学功底都非常好，所以国民对数字化的接受程度比我们高。如果成功申请到了爱沙尼亚的电子身份，就更容易取得爱沙尼亚的签证。如果要在欧盟注册商业机构，只需要用中国护照申请，通过爱沙尼亚的数字身份认证，不需要亲自去目标国家。由于区块链技术，实现了数据层面的确定性和唯一性，所以只需要在网上填完表去北京大使馆面谈一次，就可以获得爱沙尼亚的数字公民身份。这是智慧国家，比智慧城市的概念更广泛。

（整理：邱丽颖）

第 7 讲

DIGITAL FINANCE

证券投资人工智能的理论与实践

2016 年 10 月 12 日

张家林

张家林，北京资配易投资顾问有限公司董事长，北京艾亿新融资本管理有限公司董事长。艾亿新融是一家专注于上市公司股权投资管理、提供结构化融资金融服务的专业机构，其团队由一大批拥有多年上市公司股权投资经验和金融服务的专业人士组成，其中 90%以上的成员拥有硕士以上学历及 6 年以上证券行业相关工作经验，其本人也具有 15 年证券投资、金融业务从业经验。

一、人工智能发展现状

2014 年对于人工智能（AI）投顾（投资顾问）和我自己来说都是很重要的一年。2012 年我偶然在一则新闻中得知，文艺复兴公司等金融机构从 2010 年就开始着手尝试用机器学习技术进行证券投资。于是，我观察了这些公司两年多，但再也没有听到爆炸性的消息，现在看来可能是因为当时大数据技术还不够成熟。随着大数据技术的发展、Spark 等软件的推出和机器学习算法的成熟，这些公司在 2014 年取得了极大的成功，我也因此萌生了创立人工智能投资管理公司的想法。

2015 年，我在与很多金融机构包括券商在内谈合作时，大家都不相信人工智能的能力，所以当时我遭受了很大的质疑。在阿尔法狗（AlphaGo）出现以后，国内的人工智能投顾出现了爆炸性增长，大家的观念开始改变，觉得人工智能确实能够做一些超出人力的工作，这直接导致现在市场上所有人都对人工智能产生了很高的预期，即能否开发出一种人工智能系统，战胜顶尖的投资高手？其实大家并没有注意到，包括美国在内的很多国家都在积极投资人工智能项目，目前人工智能研究投入最大的两个领域是军工国防和金融，其次才是大家熟知的一些类似机器人客服的创新技术。

然而直到现在，我还没有发现另一家像资配易一样用人工智能体系架构做人工智能投顾的中国公司。在毕马威（KPMG）发布的中国金融科技公司 50 强中，移动支付、财富管理、智能投顾等很多行业的公司都有上榜，但智能投顾领域只有资配易一家。未来肯定会有更多的公司加入，资配易只是起步较早，并且我认为从证券公司内部产生颠覆性的人工智能投资工具的可能性非常小，因为证券公司本身的知识和逻辑结构还不足够。相反，我认为像百度、阿里这样的 IT 公司，如果能够招募到精通几何、机器学习理论的人才并运用到证券投资领域中去，将很有发展潜力。

二、中国的财富管理“蓝海”

我之所以跳出私募行业创办资配易，是因为我觉得中国的财富管理市场将是一个蓝海，具体来讲主要有以下几点。

第一，从公司估值角度来看，一家私募公司即便管理着几百亿元的资金，它的估值也可能低。因为它的资金管理期限不确定，并且只能依靠绝对收益才能赚到钱。但如果一家公司管理着 100 万个客户的资金，即便每个客户只投资了约 1 万元，这家公司的估值也会很高。所以我们一开始就将资配易的服务对象定位在 C 端的普通投资人上。

第二，存款保险制度的推行和利率市场化的逐步推进，导致无风险利率的下行必然使老百姓的风险资产配置需求不断增长。目前 1.47 亿个证券账户，预计未来 10 年至少会增长到 3 亿～4 亿，也就是说居民理财开始从传统的“无风险利率”产品，向包括证券投资在内的风险资产转移。居民风险资产配置的观念、需求和文化日趋成熟。以证券投资账户为中心、以资产配置观念为核心的财富管理变革正在进行中。

第三，在中国，很多人因为资金不足享受不到投顾和财富管理服务。据基金业协会统计，一个私募基金管理公司的盈亏平衡点为 5 亿元，即至少 5 亿元的资产管理规模才能平衡房租、工资等支出成本，所以其不会为中小投资者提供服务。我认为人工智能投顾是让广大中小投资者能够负担得起投顾费用的唯一途径。从这个角度讲，大力促进人工智能投顾的发展，很可能会成为中国的一个国策。余额宝为我们培育了一大批“潜在投资人”，同时杭州 G20 的普惠金融服务议程已经发布，其核心思想就是让更多的人能够享受到“普惠金融服务”，当然包括投资顾问、财富管理这类服务。

第四，美国用了近 80 年的时间，才培养了约几百万人工投顾，为美国公民提供资产管理服务。一个普通美国工薪阶层通过购买人工投顾推荐的投资理财产品，完全有可能在几十年内积累下几百万美元的财富。美国人已经形成了使用投顾的习惯和文化，所以他们转向在线投顾、机器投顾或者人工智能投顾会更加容易。然而，中国投资人没有经历人工投顾，就直接跳到人工智能投顾时代，他们的投顾观念还没有形成。但是中国人的投顾需求正在飞速增长，按照目前我国人工投顾的成长速度，每年大概能培养出 10 万～20 万个人工投顾，100 年以后才能培养出近千万的人工投顾。所以从超量需求和供给不足两个方面来看，都会促成人工智能投顾的诞生和发展，投顾市场就是所谓的“蓝海市场”。资配易的核心愿景是扁平化，成为让散户负担得起的投顾。

然而，人工智能投顾要在中国落地，最主要还是依靠政策法规的支持。《证券法》规定证券投资咨询公司不能向客户提供代客理财服务，为客下单是违规行为，且不能实时了解客户的状态。在资产管理行业可以代客理财，但资产管理行业针对的是理财产品。所以人工智能首先会在产品端（B 端）落地，即资产管理业务。现在我们的 B 端系统管理的资产规模大概有 10 亿元，但 C 端目前还没有突破，因为监管问题依然存在。即便某些机构拿到了牌照，对 C 端客户来说也只能为其提供证券投资咨询服务，不能为其下单。比如广发证券推出的“贝塔牛”（一种基于金融工程理论及大数据的智能化、个性化的投资顾问服务），还是需要用户“一键下单”复制组合，由人工确认交易才能完成投顾服务。如果是这样，机器就发挥不了积极的作用，用户还是需要不停地看手机和按“确认键”，体验会非常差。

据悉，证监会内部也在调研智能投顾在中国的发展情况，预计明年可能会有一些利好 C 端的政策出台。事实上，之前证监会已经在酝酿出台《证券投资账户管理细则》（以下简称《细则》），只不过因为股灾而搁浅了。《细则》规定，只要客户同意，就可以雇用第三方的投资顾问对自己的证券账户资金进行操作，这就解决了智能投顾的法规问题。

此外，智能投顾将成为云计算服务的主力军之一。投资组合策略不是由第三方提供的，而是由用户自己使用某个工具所产生的，可以自己下单，或者把下单权限委托给一个助理，所以未来很可能衍生出两个业务，一个是智能投顾，另一个是智能投资助理，这与百度的“度秘”类似。

三、人工智能的标准模型

从学术的角度来看，人工智能的概念还没有统一。但从工程学的角度来看，我觉得可以把人工智能理解为：可以从环境中感知信息并自主活动的软件和硬件实体。

我倾向于用 Stuart Russell 的人工智能模型来构建 AI 系统（见图 7-1），因为他的模型比较清晰，并且逻辑简单，能够在工程学上得以实现。他认为人工智能必须具备以下几个功能：

第一，能感知环境。

第二，有学习机制。

第三，具备知识库。

第四，有决策能力，即通过新知识学习和知识库之间的交互来进行决策，包括推理、预测、规划等行为，所以决策是一个非常复杂的过程。

第五，执行器，即通过行动影响环境。

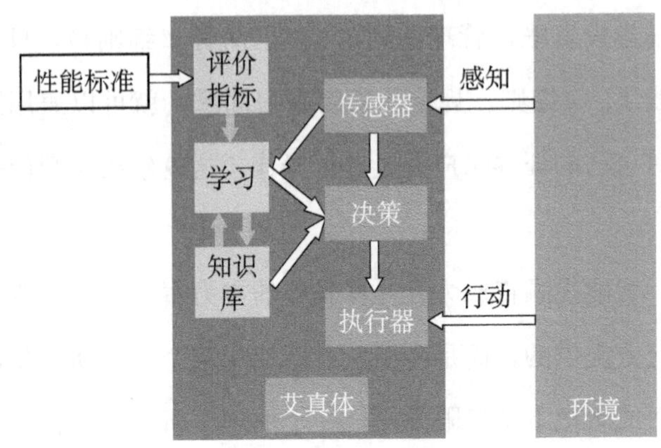

图 7-1　S. Russell 模型

第六，有评价指标，即机器学习不能是随机学习，必须有一个方向，这种方向通过评价指标实现。它们的专业名称叫做“激励函数或处罚函数”，机器就是通过不同的奖惩机制来进行学习。

以上模型说明了四点：

第一，没有通用的 AI，也没有无所不能的 AI，每种 AI 必须有其适应的任务环境，比如下围棋的阿尔法狗不可能马上转型做股票投资。

第二，人能够通过某种方式管理和控制 AI。

第三，AI 智能体的系统模型结构有标准模型，但其实现方式迥异，开发者和使用者可以对该模型进行创造性的设计。

第四，也是最关键的一点，人工智能以“有界最优化”为理论基础，即在给定时间和计算资源条件下，寻求一个最优的结果。

目前来看，人工智能已经对经济产生了显著影响，而这种影响在金融市场上可能是颠覆性的。现在整个金融市场对算法的应用已经非常普遍，在美国已经达到了交易总量的 70%～80%，被称之为人工智能化或者程序化的金融交易。中国市场的算法交易在去年股灾之后有所搁置，但是我觉得人工智能化交易的趋势是不可逆转的。

四、人工智能与证券投资理论

如果要将 AI 应用于投资领域，需要将人工智能理论与证券投资理论相融合，但又不能只是把机器学习算法与投资经验简单相结合。首先总结一下证券投资管理价值链。

投资管理价值链有十大功能模块。从了解客户开始，到让客户满意，一共有七步：市场分析与评测、大类资产配置、投资组合构建、交易执行、风险管理、投资组合调整、投后分析。此外，还有四个辅助部分，包括托管、清算、支付、客服等服务。

通过对这一价值链的分解，可以衍生出三大类主要的投资管理业务形态。第一类是投资咨询业务，即提供关于大类资产配置和投资组合方案的建议，但由客户决定是否采纳、如何择时，以及完成后续调整。后两类分别是投资顾问和资产管理，基本包揽了全价值链，即不仅提供投资组合，还包括选择交易时机、后续的风险管理等。具体来讲，投资顾问和资产管理的差异在于，投资顾问没有账户体系，即不接触钱，不负责账户开户及清算等业务，只是向客户提出建议。资产管理则拥有账户体系，可以负责托管和清算，有权调动客户资金。

起初，我们想开发一个以证券投资管理为工作环境的人工智能系统，输入就是了解客户，输出就是让客户满意，自主完成七大功能。但是我们调查研究了众多案例资料，发现很难搜索到有价值的内容，目前来自金融领域的人工智能算法特别少，包括图像识别和语音技术等在内的人工智能算法。可能有两个方面的原因，一方面大家都不愿意把算法的核心技术公开，另一方面这个领域还处于探索阶段，没有形成体系。

所以我们完全是自主构建了资配易的体系，当然也碎片化地参考了一些资料，吸收了其他经验。比如文艺复兴公司的创始人西蒙斯在接受华尔街采访时提到，他们利用人工智能每天进行成百上千只股票的交易，由于资金量太大，几乎每次交易都会对市场产生冲击，所以必须实时监控每笔交易对于市场流动性方面的影响，并实时更新数据。据此，我们就可以想象和合理推断他们的模式，事实上我们也已经将“文艺复兴”的模型融入资配易系统之内。

资配易目前做的人工智能还是基于现代投资组合理论。现代投资组合理论主要由两大分支融合组成，一是 Markowitz 资产投资组合理论，二是 Statman 的行为金融理论。

这两个理论的假设前提并不相同，Markowitz 的理论基于理性投资者假设，推断出一系列模型；Statman 的理论则是基于非理性人假设搭建了研究分析模型，两者因此争论了很多年。2011 年，Markowitz 邀请 Statman 一起合作写了一篇论文，证明了资产组合和行为金融可以融合在一个心理账户理论中，两者实际上是数学等价的。所以目前的证券投资理论其实就是单一的理论，即通过资产组合降低风险的现代投资理论。诸如量化交易等内容，其实不是一个理论，而只是一些具体的投资战术，从理论上讲依然源自现代投资理论。另外，很多人推崇的价值投资在我看来更像是一种艺术，机器学习几乎不可能做到价值投资。

人工智能＋证券投资实现的是 1＋1＞2 的效果。在美国，这种模式的官方术语叫“数字化投资工具”，国内很多媒体称之为智能投顾，其实两者的含义并不一样。数字化投资工具涵盖了很多投资顾问业态。

最早期是在线投顾，即 20 世纪 90 年代末很多专业投顾利用互联网上的在线投资分析工具，向客户提供一系列投顾服务。

到 2008—2015 年间，由于全球经济发展较好，很多专业人工投顾与机器学习和互联网相融合，开始提供机器人投顾（robo-adviser）的服务。

2015 年以后，包括资配易在内的一些团队开始建立人工智能的证券投资系统，加上云计算的架构，直接向用户提供服务。这种系统与在线投顾和机器人投顾的区别在于人工智能投顾的所有流程没有人为干预。

目前这种趋势越来越明显，在美国，越来越多的人愿意做人工智能服务，而且愿意把人工智能投顾区别于机器人投顾，因为机器人投顾和人工智能投顾利用的技术、架构和理念都不相同。

那么到底是什么决定了投资管理公司、投资人和人工智能的投资能力？如图7-2所示，左边代表的是我们对于影响某一类资产的所有因变量的认知空间，认知空间的大小决定了不同公司的投资管理能力，学习能力则决定了它们的增长能力。

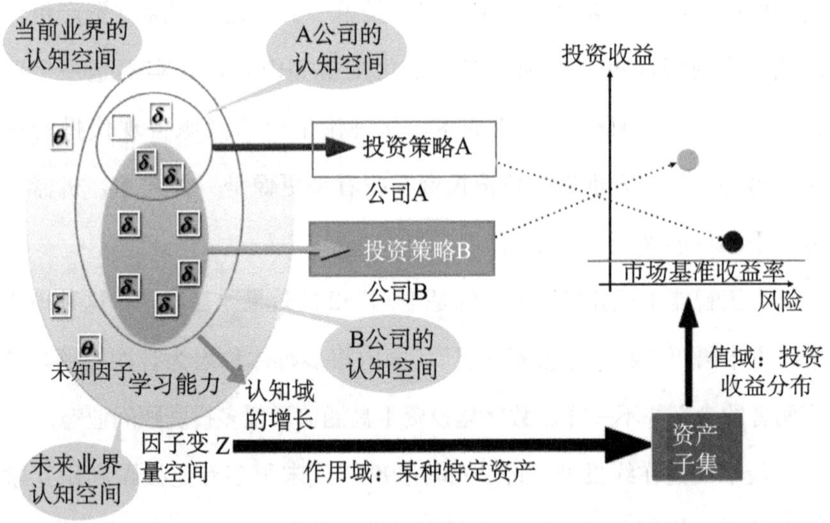

图7-2　证券投资能力增长模型：认知空间与学习能力

从这个角度来看，我们可以理解机器学习、人工智能如何提高了我们的投资管理能力。人类学习能力的边际贡献会变得越来越小，使得个体认知空间的增长速率越来越慢。然而，基于大数据的机器学习的边际贡献非常大，它的认知空间增长速度就非常快，从而显著提高投资管理能力。

图7-3表示将来整个资本市场投资人的分布。X轴表示合规投

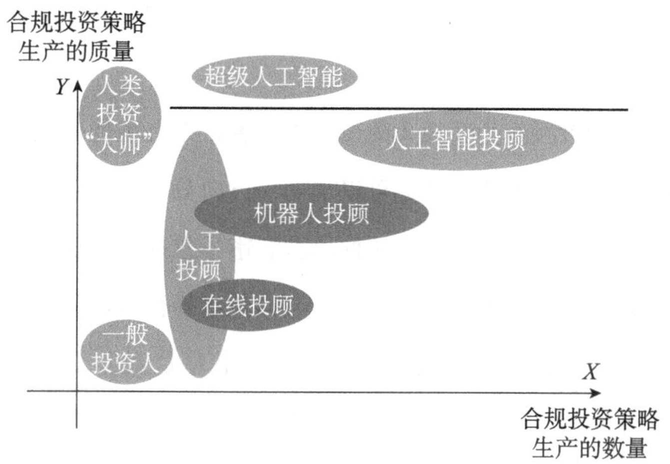

图7-3　投资人分布

资策略的生产数量，Y轴表示合规投资策略的生产质量。大部分的散户在左下角，即投资策略生产能力很弱，数量少、质量差，处于整个投资管理价值链最下端。还有部分投资大师，或者是顶尖的基金经理，他们的生产策略质量非常高，但数量不多，比如他们可能管理100亿元的资金，但使用的策略可能就一两个。人工投顾居于中间，由于人工投顾采用人工生产方式，所以他们能够生产的合规的投资策略的数量有限，同时质量也参差不齐，呈正态分布。事实上，在线投顾和机器人投顾没有提高投资管理策略的质量，只是提高了数量和效益，即可以生产更多的策略，服务更多的客户。那么人工智能投顾呢？首先，人工智能投顾要能够生产出很多的投资策略以服务海量的客户；其次它的投资策略的质量要高，甚至要求超过大部分的基金经理。

将来使用人工智能投顾的投资者获得的回报率会有显著的增长，但是人工智能投顾不可能垄断市场，因为每个市场都有包容性。人工智能投顾也不可能让所有人都获利。在单位时间内，市场是一个零和市场，无论是怎样的投资人分布，依然会有人亏损。所以，无论是人工智能投顾还是机器人投顾，都不能保证所有人都获利，这是一个非常现实的问题。

人工智能投顾作为新加入的市场参与者，给市场带来的影响对投资者和监管者至关重要。我们可以从两个方向分析这个问题，一方面是宏观审慎，主要研究市场系统性风险和市场效率的问题，我们目前在这一领域还没有做太多工作；另一方面是市场行为，属于微观审慎监管的层面，考虑人工智能将来会不会显著增加趋同交易、操纵市场、不公平对待客户等行为。这个问题虽然缺乏实证数据，但仍可以通过市场微观结构理论进行分析。

我们也做了大量的模拟，其中用到两个非常重要的假设，一个是经济人模型，即人基于某种信息结构，先通过一个主观先验的概念估计，再通过不断地学习和更新，产生了后验分布。目前很多实证数据和一些理论分析都认为，经济人决策的均衡机制背后隐含的就是贝叶斯法则。另一个是机器经济人模型，它完全不一样，虽然需要运用一些贝叶斯网络和算法，但并不是基于先验概率，而是基于激励函数，没有通过状态空间的变换进行规则的更新。

图 7－4 和图 7－5 分别是经济人模型和机器经济人模型，通过分析我们得出了它们不同的市场行为。经济人模型的路径相对单一。作为单一投资人，无论你是通过社会学习，还是通过理论学习，你的决策路径都是单一的。但机器经济人模型就不同，强大的计算能力让它拥有巨大的搜索空间。就像阿尔法狗和人下棋一样，人类棋手实现一些决策的逻辑路径相对单一，而阿尔法狗是全算法，它可以把所有状态空间搜索一遍，然后寻找最优路径。总的来讲，学习路径的多样性和复杂性，是机器区别于人的一个重要方面。

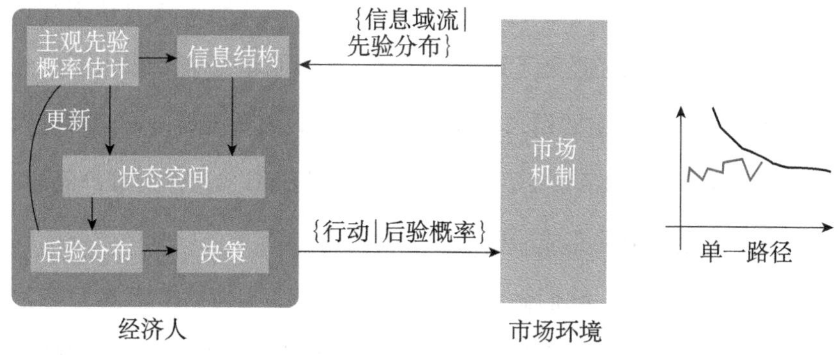

图 7－4　经济人模型

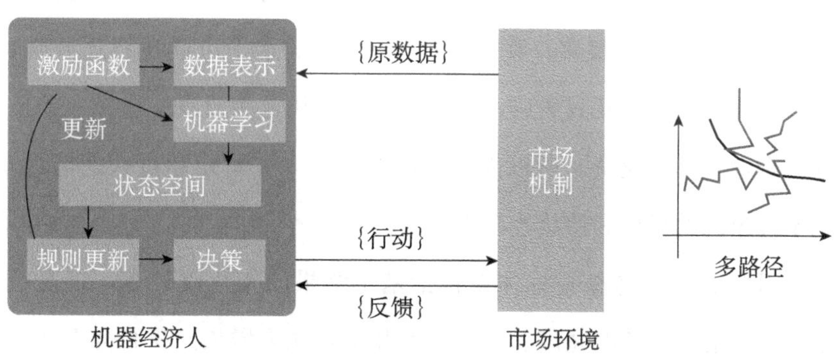

图 7－5　机器经济人模型

从这样一个简化的机器经济人模型中，我们可以考察其市场行为，因为我们在未来的推广中要向监管机构表明人工智能有没有恶意代码，会不会对市场产生不利影响，会不会产生故意捣乱甚至违法违规的行为，以及我们是如何避免上述问题的。

五、资配易的人工智能投顾实践

经过两年多的开发，“资配易”已经升级到 2.0 版，它的一些效能也超出了我们的预计。

第一，它的学习能力一直在提高。第二，随着学习能力的提高，它对计算能力的要求也越来越高。也就是说，人工智能是有技术和资金门槛的，我们已经投资了近1.7亿元，后续可能还需要投入至少约10亿元，这些资金主要用来提高计算能力。目前资配易的人工智能投顾基本上完成了从KYC（了解你的客户）到SYC（让你的客户满意）的核心价值链，但是完成的质量还需要改进。

为了测试系统，我们做了几期模拟大赛。一共约10万客户参加比赛，第1名的月收益率大约是19%，最差的大约是−7%。即便如此，我们已经可以用数据证明证券投资人工智能系统（SIAI）比大部分散户的水平要高很多。我觉得明年SIAI的水平可能比我还要强，因为我最多记下十几只股票，而且无法瞬间从这些股票中选择一个最佳组合，并马上投资。所以人工智能投顾在未来肯定超过人的能力，只不过超过的程度和持续性尚需讨论。

SIAI的绩效考核指标体系包括基于结果的年化收益率，以及基于可持续能力的策略宽度、策略深度和学习能力增长。我们会不断考核SIAI，并且有激励和惩罚函数让它不断提高。我们的第三代系统已基本完成，它可以按照投资架构链完成所有工作，未来第四代、第五代具备跨市场、跨区域和跨大类资产配置的能力将是发展趋势。

那么，机器交易和量化交易有什么不同？虽然人工智能或者机器学习的基础是量化——起初我们尝试把量化模型运用在机器学习上——但最后没有成功。并不是因为无效，而是因为量化交易不能产生海量策略，它属于守株待兔的形式，当某个信号出现后，相应的策略就会产生。假设通过量化模型产生出三个投资策略，可以向两三个客户推荐，但面对100万甚至更多用户时就行不通。所以量化交易和机器学习是两回事，目前机器学习“无模型”的特点构成了其与量化交易的根本差异。我们只要把规则告诉机器，剩下的工作就可以由机器自己完成。

自2015年2月上线以来，SIAI开始一直跟着大盘走，之后慢慢走出了独立的行情。举例来讲，2015年大概有15天SIAI没有提供投资策略，即其建议不要投资，持续观望。2016年这种情况尤其多，比如熔断时建议观望。之后SIAI的投资策略越来越精准，有时会告诉客户三天内不要交易，到第四天再开始操作。这些建议的产生完全没有人为干预，都是由机器独立完成的，但是我很难解释它为什么建议这么做。

资配易系统的B端用户发布一个产品后，产品的管理人其实是一个人工智能机器。见图7－6中的“资配易人工智能二号”，自2016年4月发行以来，该产品最大的特点是使用资配易证券投资人工智能来做资产管理，生产策略、择时、风险管理，均由人工智能来完成。另两条线是基准，分别代表上证指数和沪深300。图7－6可以反映出资配易人工智能的策略学习能力。自成立以来，截至7月29日，该基金的年化收益率是9.18％，最大回撤为0.5％。如图7－7所示，资配易人工智能从2015年2月2日开始是线上学习，一开始与大盘走势基本相关，分界点出现在2015年五六月份，10月之后差距变得越来越明显，主要原因是当时我们增加了几百台服务器的算力并对算法进行改进，这样它的学习能力提高很快，而且明显不再依赖大盘走势，可以独立地自我学习了。通过比较基金净值线和基准线（上证指数、深证成指、沪深300、中小板指）可以看出，它的业绩增长开始具备独立性。

总的来讲，它需要完成四个核心功能。根据投资金额、投资期限和风险偏好为用户制定投资规划，选择投资组合，执行交易，管理风险，也就是完成资产管理价值链的所有工作。

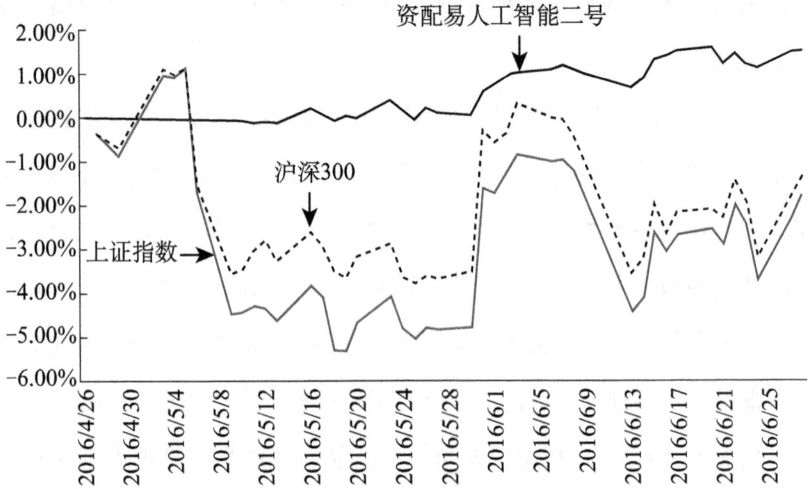

图 7－6　资配易人工智能基金走势图

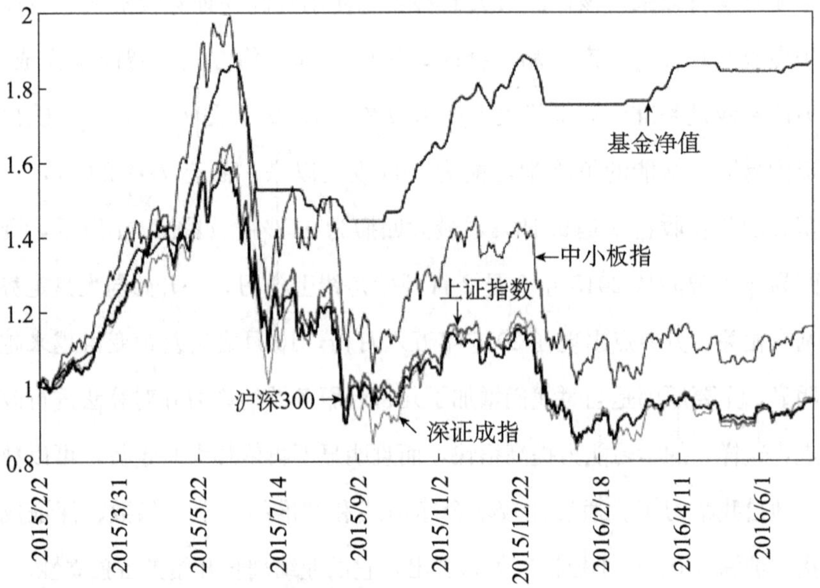

图 7－7　标杆 ISM① 族历史基金净值变化（2015 年 2 月 2 日—2016 年 6 月 29 日）

① ISM，即投资策略模板（Investment Strategy Mapping），是从投资策略空间到收益风险测度空间的一个映射函数，它表示了从投资策略空间中能够映射到收益风险测度空间某个区域的投资策略集合。

它的挑战在于，第一，如果要服务 1 000 万人，就要有能力为 1 000万人提供不一样的策略。我们不可能让 1 000 万人都“follow me”（跟我投），否则既不满足合规性，也很难满足有效性。资配易现在平均每天生产的投资策略在 2 亿左右，在某些行情下也可能一个都没有。2 亿的量已经可以给每个投资人一个独立的策略，而且是每天连续生产，所以为用户提供不同策略的挑战已经基本解决。

第二个挑战是提高投资策略的质量。最近国内出现的二三十家智能投顾公司的策略其实很有限，很多公司都是用一种“follow me”模式。然而，我觉得“follow me”模式是一种没有长远价值的模式。

最近几年，人工智能投资的方法论已经发生了很大变化。图 7-8 表示基于大数据的人工智能投资方法论的变革过程。基于大数据进行分析，使用的数据需要包括宏观经济的很多方面。具体的数据源与开发者相关，数据是无限的，但是计算资源和处理能力是有限的，所以要选择合适的数据源。

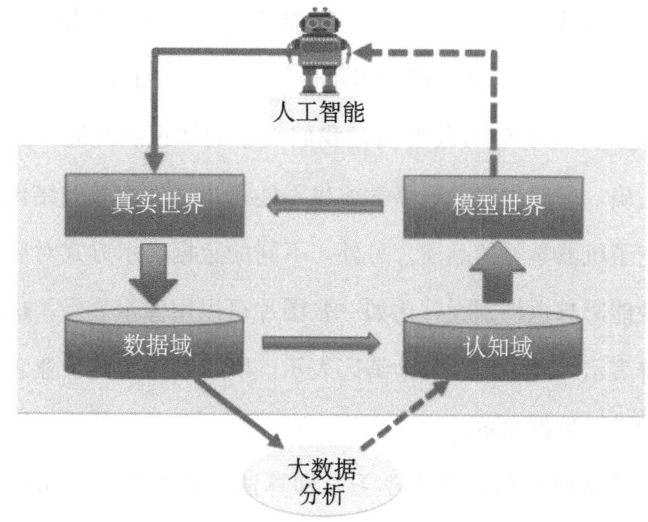

图 7-8　投资方法论变革

现在，人工智能投资分为两派。一派是以谷歌和百度为代表的 IT 派，它们会去抓取各种互联网数据，包括网吧数据、外卖数据、消费者信息、新闻、网络评价等，并以此为基础来分析某只股票价格的走势。

另一派是包括资配易在内的经典理论派，即以经典投资组合理论为基础进行创新，然后用人工智能来实现投资管理。我们很难评价两派的好坏，只能说 IT 派可能需要消耗巨大的计算资源，只有像百度和谷歌一样的公司才有能力去做。

基于上述逻辑，将来的人工智能投顾可以分为两个世界：第一个叫真实世界，第二个叫模型世界。真实世界如我们所见，比如价格变化、基本面数据、研究报告等，这些都会产生数据。这些数据转到模型世界，模型世界是机器工作场景，它需要对这些数据进行学习、处理和分析，最终产生一种认知。反映到股票市场上就是，这只股票该不该买、在什么价格买、什么时候卖、什么时候调整，等等。从真实世界到数据域是机器学习或者人工智能领域的一个重要分支——“数据表示”，这在数学上叫“群的表示论”（Group Representation Theory）。光是这个细分领域就要消耗我们大量的知识和经验，因为只要数据不正确，即便再好的机器学习也不能得出任何有效的结论，数据表示决定了机器学习的品质。另外，不同的数据表示方式对后续机器学习的效能影响也特别大，比如一张图片可以用像素表示，也可以用一个矩阵表示，还可以用其他编码表示。所以人工智能从业者需要花很多时间学习数据表示。

到了模型世界就是机器学习，即算法，需要大量学习微分、几何、拓扑论等学科知识。数据体量很大，每天都会增加 1T～2T 的数据。这些数据无法用传统统计和概率知识分析，它们是多维数据，在数学上叫“维数灾难”。所以从 2011 年以后，我们用“张量分析”来做机器学习。张量分析最早用于量子物理领域，它是一种特别好的数据分析工具，可以将数据表示为张量形式，比如 0 阶张量是实数，1 阶张量是向量。谷歌推出的开源机器学习系统 TensorFlow 就是用张量分析方法做的。目前大家在机器学习领域验证得出的最可靠、最可信的变量就是拓扑不变量。很多文献提到的深度学习逻辑、卷积神经网络的背后逻辑就是要寻找一个“不变量”，即在时间上的不变量或者在空间变化中的不变量，而这个不变量在未来可以得出认知。

简单的几何不变量有长度、距离等，但这些不变量在庞大的数据集里很难找到。这时我们就需要寻找其他形式的不变量，拓扑不变量就是其中的一类，还有一类是群。拓扑和群是我们在理解大数据集的内蕴结构时非常有力的两个理论基础。大家可以想象一下，一个数据集离散分布在一个空间中，在这些数据之间到底存在什么样的逻辑关系？业内通过构造张量，找到它在拓扑上的不变量，当其他量变化时，它不变。

所以基于大数据的人工智能投资方法论正在发生变革，与传统的证券投资不一样。其实机器学习也需要学习基本面，需要将基本面表示成数据，比如每股收益、预收账款、技术指标等。然后构造出很多群和张量来研究数据之间的关系，这就是未来的一个趋势。

那么，人工智能投顾将来的目标是什么？我认为是资金和资产的精准匹配以及用户适当性分析。

这种精准匹配包括时间和空间上的匹配，而用户的适当性分析需要掌握以下三大类用户数据。

第一类是用户的基础信息。

第二类是用户的目标函数，即用户在计划投资时间和自身风险偏好的约束下希望获得的收益。

第三类是用户行为。用户行为非常复杂，在互联网出现之前，由于没有数据，我们对用户行为的关注很少。现在我们可以抓取大量的社交行为数据，来建立 6 个主要层面的匹配指标，其中流动性、期限、风险容忍度和收益这四个财务指标是必需的。此外是投资人的心理指标，心理指标的测度包括最大回撤的容忍度，即净值曲线形态。对 6 个维度的信息进行分析，最后将其匹配到不同的资产端或者不同的投资策略中去，才是将来人工智能投顾的一个终极目标。

上述用户适当性分析是不间断的，因为用户的投资风险容忍度是一个时变函数。如果简单地把客户分为偏好高风险和偏好低风险则过于笼统，我们需要知道，这个客户上周的风险容忍度是多少？假设该客户上周能容忍 10%的亏损，但这周的容忍度发生了变化，因为他这周失业了，风险容忍度瞬间降至 0。反之，如果他突然获得了一笔意外之财，这周的风险容忍度就会升高。将来的人工智能投顾应该对这些影响客户风险容忍度变化的因素进行有效的分析和识别，然后匹配合适的投资策略。

在不同的时间段，设定投资组合空间，用一套投资组合选择模型，选择一个合适的组合并投资，这就是人工智能投资系统的基本逻辑。下面我们稍作展开进行阐述，它包括以下步骤。

第一步，设定投资组合空间。

大家都学过 Markowitz 的经典理论，但经典理论的缺点就是过于简化。在该理论中，只对三四个投资组合进行比较，所以构成了有效前沿。理论上讲，其实在欧式空间中建立的投资组合空间，实际上的投资组合空间肯定是非欧式的。这是我们的发现，或者说是我们做出的一个创新。

简单说，A股大约有2 700只股票，我们可以构建的投资组合理论空间大约是10的500次方，而且每增加一只新股，整个投资组合空间会增加10的200次方。阿尔法狗下棋的组合空间大约为10的100多次方。但是很多投资组合都没有被尝试过，而且这么多投资组合到底是好是坏没有人能说清楚。我们现在得出的结论是，一个勤奋的投资经理一生中可能用过的投资组合不会超过10万个。高频量化交易系统虽然策略变化很快、策略很多，但它的投资组合数也不超过50万个。然而，无论是10万还是50万，都无法和10的500次方比较。当一个客户问投资经理：你能不能给我一个最好的投资组合？投资经理只能回答：不知道，因为从来都没有人穷尽过投资组合空间。基于此考虑，我们的设想是，如何用机器把所有投资组合算一遍，找到最佳的一个？我们选择了6～49只股票的投资组合，这样的组合空间大约有10的33次方，这一数量就好比装满地球的乒乓球数量。资配易现在就在这10的33次方的组合空间内计算，找到最佳的乒乓球。很明显这些大的组合空间肯定不是Markowitz所描述的线性投资组合空间，它是非线性及非欧式的。所以我们在Markowitz经典理论的基础上进行了一些创新，用非欧式的度量方法，主要是黎曼空间的数学方法，来测量投资组合之间的一些问题。

在构建投资组合空间的过程中，我们发现大部分投资组合都不具备统计特征，所以我觉得现在很多证券公司仍然用统计的概念进行投资的胜率非常低，几乎不超过50%。机器学习通过拓扑、构造张量等学习方法，构造了一个预测模型，进而把合格的投资策略交给客户。系统每天会预测每只个股的情况，计算市场信息变化，并把所有信息发给 AI，然后 AI 做出反应。AI 机器学习的方法有很多，是好是坏只能依靠尝试。当然如果理论基础比较强，也能从中选出更合适的算法，应用的边界条件、适用范围也更精准。

第二步，选择投资组合。

选择投资组合需要建立一系列的映射关系。每一个投资组合对应风险收益空间中一个确定的点，这就建立起一个代表不同投资策略的收益风险测度的映射函数。它是基于张量和拓扑不变量建立起来的函数，不是一个显性函数。比如用“波动率”“预期收益率”“流动性”等多维度变量测度，从投资组合空间中，不停计算组合映射到收益风险空间的坐标，然后通过这个坐标位置的好坏进行组合选择。在实践中，我们实际使用了 40 维指标来评价组合的好坏。但是 10 的 33 次方的计算量也非常大，我们每天大概只能完成 10 的 12 次方～10 的 19 次方的计算量。

人工智能投顾的工作除了投资组合选择，还有投资使命规划。比如客户交付 100 万元，期限为 1 个月，那么这 100 万元是一开盘全部投出去，还是 1 个月内逐渐投出去？规划完之后就要决定选择哪些投资组合，之后才是交易执行。而且交易执行需要“择时”，在开盘下单？中午下单？还是在其他某个时间下单？最后，还需要进行风险管理，比如股价下跌是否需要卖出？如果卖出是否要平仓？这就是整个 AI 的工作系统。

投资组合的分布与 Markowitz 的曲线完全不同，Markowitz 理论只是局部的线性假设。投资组合空间每天在动态变化，需要机器强化学习。这就是资本市场比下围棋更加复杂的原因，围棋是相对确定的，可以穷尽，但资本市场的变化特别多。

同样的工作如果用 Matlab 或者 Spark 计算，可能需要一个月的时间，所以说人工智能的发展与计算技术的发展息息相关。我们每天计算的投资组合大约有 10 的 33 次方，但 A 股市场人工使用的投资组合数量大概只有 10 的 5 次方～10 的 6 次方，以至于任意两个投资组合间的距离就非常狭窄。这也是 A 股市场出现千股涨停、千股跌停的原因之一，正是因为投资组合空间太小，最终出现了趋同交易的现象。然而，机器学习所用的投资组合空间非常大，任意两个投资人的投资组合相似度非常小，我们的分析大概只有千分之几，但是 A 股组合相似度接近 40％。

此外，人工智能或者机器学习一定要了解微观市场的信息结构。

市场信息结构的一端是由有效市场假说（EMH）代表的理想状态，即市场所有信息已被市场主体消化，市场的信息汇总能力最强；另一端是以单次拍卖、古诺市场、伯特兰德市场模型为代表的局限状态，即市场几乎没有信息，市场的信息汇总能力最弱。真实市场就在这两个模型之间动态变化，中国市场并非一定无效，美国市场也并非一定有效，它们都在动态变化。这就是市场机制坐标。所以我们需要不停地监测当前市场处于什么状态。

一只证券在生命周期内会遍历不同的市场机制。比如，公司在 VC/PE 阶段完全是一个单次拍卖市场，或者说古诺市场，我们对公司的了解很少，所以很难估值。IPO 发行之后，当股票交易活跃度、流动性变好之后，就接近于有效市场。并购重组、pre-IPO、定向增发时的市场机制就介于上述两种市场之间。

所以，我们需要对每只证券建立市场机制坐标，实时有效地测量证券所处的市场微观结构信息状况，因为这是机器学习的重要信息之一。

交流与问答

提问：人工智能领域有哪些入门教材，需要掌握哪些学科知识？

张家林：Stuart Russell 的《人工智能：一种现代方法》、Peter Flach 的《机器学习》这两本教材可以学习，另外需要掌握微分几何、群论、张量分析等理论基础。

提问：股票市场很多时候其实是零和市场，那么当资配易的客户发展到一定规模，如何保证每一个客户使用不同的策略，保证每位客户都能获利？

张家林：在单位时间内，假设没有资金进出，股票市场确实是零和市场，所以我们不能保证投资人都获利。从二八法则出发，我们设定的客户服务边界是 20%。从长期来看，大家都能获利，因为股票有股息，只不过 A 股的平均股息很低。然而，现在 A 股的实际情况是上亿散户亏损，只有几个大户获利，财富转移特别厉害。但是散户使用人工智能投顾可以减少亏损的概率，同时也能降低超级大户的盈利，总体上能使市场的收益率分布更加均衡。

提问：人工智能投顾行业的竞争壁垒是什么，如何避免被竞争者在短期内超越？

张家林：人工智能投顾仍是一个新兴行业，我认为人工智能投顾、机器人投顾、在线投顾和人工投顾都会存在，不存在模式替代，而是互相补充。机器人投顾、在线投顾的缺点是可服务的客户数量有限，但是依然可以生存下去，比如现在一些小的私募、咨询公司。人工智能投顾的第一个门槛是机器学习的能力，假如与公募基金作比较，如果收益不能达到公募基金的水平，就会被淘汰掉。第二个门槛是资金投入，人工智能投顾的资金门槛很高，入门级门槛大概在5亿元。

提问：在得到拓扑不变量之后，是否需要进行数学证明？另外如何保证几何不变量或者拓扑不变量就是真实的市场不变量？

张家林：Markowitz将投资组合置于欧式平面上，认为投资组合往下一个时间点移动时接近线性，然而真实的市场空间是一个非常复杂的曲面。通俗地讲，Markowitz的投资组合就像是一块玻璃板上的几个米粒，而真实情况是撒在面包上的芝麻。而且这个面包会变化、伸缩，这个变化在数学上叫拓扑。拓扑理论告诉我们，无论面包怎么变，总会存在拓扑不变量。不变量的作用在于预测面包伸缩以后，芝麻的新的坐标区间。

我发现不变量一般只能持续一段时间，所以我们并不是要用不变量建立一个恒久的模型。这也是机器学习需要再增加激励和惩罚函数的原因，其不在乎不变量本身，只要不变量得到的结果可以即可。

人工投顾可以解释投资组合差异的原因，但机器学习的解释性特别差，不单投资组合的选择难以解释，交易的“择时”等也很难解释。我们目前的方法只是选择市场认可的40多个指标来衡量投资组合的好坏。

提问：人工智能投顾行业未来是否会出现赢者通吃的垄断局面？如果出现这一局面，排名靠后的公司是否可以做一些细分领域的差异化业务？

张家林：从技术上讲，人工智能确实可能赢者通吃。以无人机作类比，无人机的"协同作战"指无人机和无人机间的通信交互，当一架无人机发射出的导弹偏离目标后，它会告诉另一架无人机具体的偏离数据，另一架无人机就会赶紧修正然后发射导弹。也就是说，机器之间可以建立某种协同机制，如果将来某一家 SIAI 公司具备这样的能力，可以让所有 AI 产生协同效应，就可能赢者通吃，而这在技术上完全可以达到。

至于排名靠后的公司是否有细分空间，我认为也会存在。因为在 10 的 500 次方的投资组合空间中，十几家公司的客户使用同一个投资组合的概率非常小，除非它们设计的投资组合空间都很小，这样就可能会出现趋同交易等问题。

（整理：邹达）

第 8 讲

DIGITAL FINANCE

大数据和市场化潮流中的中国信贷征信行业

2016 年 11 月 25 日

李　铭

李铭，计算机科学博士，大数据专家，原央行征信中心资深顾问，曾在多家企事业单位和政府机构工作，研究领域涉及金融数据分析、预测建模、计算语义学和信息检索、信息安全、企业体系结构、电信网管、计算机固件及嵌入式软件等。现就职于北京大数据研究院金融大数据研究中心。

我今天主要想谈谈对目前国内征信市场的一些看法，特别是围绕大数据和征信市场化同大家交换一下意见。

一、什么是征信?

有一件事感觉挺有意思：先前举办过的两场征信讲座，两位老师讲演内容的第一个小节的题目都是“什么是征信?”征信是一项缺少权威定义的专业活动。在行业中随便问十个人，也许会听到五种不同的征信定义；剩下的五个人根本就不为征信的定义纠结，而是由着自己的性子先红红火火地做出一番事来，然后说“我是做征信的”。

中国唯一一部关于征信的法规——2013 年发布的《征信业管理条例》——对于“征信业务”的定义是“对……信用信息进行采集、整理、保存、加工，并向信息使用者提供的活动”。这个定义相当全面，只要你将定义中提及的征信活动各个环节之间的关系理解为“和”的关系而不是“或”的关系。换句话说，只参与其中个别环节活动的机构不一定是征信机构。遗憾的是，《征信业管理条例》中没有定义什么是“信用信息”，也没有具体规定信息的应用领域。

许多讨论征信的文章引经据典，从古书上找根据，说明什么是“征”、什么是“信”、什么是“征信”。再以后，“信任”“信誉”“诚信”都拿出来研究一番。在中国语言里面，“征信”一词的确古已有之，章太炎先生 1910 年甚至写过一篇叫“征信论”的东西。过去有种记录名人信息的公告叫“征信录”。这些“征信”与我们这里所谈的征信基本没有关系。最早提到征信一词的也许是 1915 年国民政府财政部发布的《银行公会章程》，其中将征信列为公会的应办事项之一。若干年后的调查报告中明确说明征信是从欧美、日本等国家引入的一项商业活动。虽然中国旧时代的钱庄跑街之类职业兼有“资信调查”的部分职能，所谓“机构征信”活动在中国应该说从来没有出现过。既然中国是从国外学到的这项商业实践，是“以夷为师”，而“征信”一词只是外来词语的中文翻译，除非你真的知道最早的翻译人选择“征信”二字作为译词的原因何在，否则从古文中寻找证据来说明征信活动的含义，岂不是有几分无厘头？有趣的是，同样使用中国文字的日本当时将征信机构称作“兴信所”。孕育了中国第一家征信机构——中国征信所——的中国第一家征信研究机构的名字称作“中国兴信社”。于是，如果当时用了中国兴信所而不是征信所的名字，我们岂不是需要到史籍中找找答案，说明“兴信”是什么意思？

一个不那么“学术”的征信定义因而可以是：征信是（国外）征信机构的核心业务活动。于是我们回过头来看看国外“正统”的征信机构究竟有什么“核心业务活动”，看看国外“正统”的征信活动和征信行业有什么特点。本节余下的部分主要讨论三个方面的内容：征信机构主要做什么；征信活动为什么要受法律约束；征信行业为什么有天然的垄断性质。附带说明两点：其一，征信行业实践中主要借鉴了美国的经验。这不仅因为美国的征信行业比较成熟，也因为美国征信行业的透明度最高，可用的信息比较丰富。其二，本文粗略地将“信用”等同于“信贷”一词使用，除另行说明外，不做进一步解释。

（一）从资信调查到信用报告

1925 年，上海银行公会对国外征信实践的调查报告中说，征信机构是称之为“商贸所”（Mercantile Agency，后译为商业征信所）的机构。19 世纪的美国征信机构就是以商贸所的名称开展活动，雇用的商业资信调查员常常包括法官、律师和记者。美国有四任总统曾经担任过征信机构的资信调查员。美国个人征信机构的行业组织消费者数据行业协会（CDIA）1907 年曾使用美国商贸所协会（NAMA）这一名称达五年之久，后改名为美国联合信用局（ACB）。美国在 1970 年通过的《公平信用报告法案》将征信机构命名为“消费者（信用）报告机构”。欧洲的（主要是公立的）征信机构则常称为“信用查询机构”。

从以“商贸所”为名的资信调查机构到信用报告机构或信用查询机构，背后有一个大的改变。这个改变是从“报告传闻”到“报告事实”的改变。

即便在美国的《公平信用报告法案》中，信用报告[①]的内容也定义得颇为宽泛。《公平信用报告法案》称信用报告容纳“记载消费者个人的可信性、信用状态、信用能力、性格、一般声誉、人格特征或生活方式”的“任何信息”。然而出于法律和舆论的压力，美国的消

---

① 《公平信用报告法案》中使用的词是“消费者报告”。在这份报告中，消费者报告松散地等同于消费者信用报告。

费者信用报告中如今已经见不到任何涉及“性格、一般声誉、人格特征或生活方式”的信息，余下的只是“事实”信息，即可以通过具体证据来证实的信息，如贷款合同信息或还款的账目信息。

于是征信机构的核心或基本业务活动变成报告消费者（或企业）的信用交易历史。也许这不仅因为征信机构有“报告事实数据”的法律义务，实践证明，过往的信用交易历史是预测信用主体未来违约可能性的最有力的判断依据。信用历史数据不仅“安全”，而且好用。在美国近代的语言当中，信用报告和信用（交易）历史大体上是同义词。

进一步说，一个征信机构应该有如下基本特征：

● 手中有消费者（企业）的历史信用交易数据，并有制度化的手段去持续地获取这些数据。

● 手中的数据有足够大的覆盖面，即包含从多家信贷机构获取的数据。

● 按照某种商务安排向信贷机构或法律允许的其他机构提供信用主体的信用历史报告。

上面的第二条特征其实并不是衡量一个机构是否够格被称作征信机构的标准。一家征信机构可以为单一信贷机构服务，但此时这家机构将等同于该信贷机构内部的征信信息部门，不再是个行业机构。不服务于整个信贷行业的征信机构不必当成征信机构对待。

市场上有一些人认为基于信用历史数据为信贷机构提供服务的机构是征信机构，这些机构的例子如信用风险评分建模机构或为信贷机构提供信用风险评估服务的机构。这些机构直接或间接地参与信贷申请决策活动，影响到消费者的重要利益（见下一节的说明），但它们不一定是征信机构。延续我们前面的思路，如果这些机构同时是信用报告机构，它们当然是征信机构；如果这些机构只是在建模时或评分计算时一次性地获取信用主体的信用历史数据，并不是制度性地获取、维护和报告这些数据，它们就不是征信机构。

在美国，有人把信用评分称作“整个经济幕布背后的大巫师”。震动世界的 2008 年美国金融危机尘埃落定之后，有人强烈要求将 FICO 评分的开发企业——美国费埃哲（FICO）公司纳入美国消费者金融保护局（CFPB）的监管范围之内，称 FICO 公司在事实上“制造了”这场金融危机。消费者金融保护局拒绝了这一要求。虽然 FICO 评分对美国信贷行业有巨大影响，但评分模型只是工具。真正应该受到监管的是提供基本“素材”的机构（征信机构）和通过使用工具而造成后果、影响到消费者利益的机构（信贷机构）。

征信机构向信贷机构提供的包括评分、身份验证、反欺诈在内的服务通常称为“增值服务”，是征信机构扩大盈利的手段。在另一层意义上，征信机构既然已经在为行业的众多信贷机构服务，增加一些面向行业的增值服务是顺理成章的事。但不要忘记征信机构有自己的主营业务。此外，把征信机构的增值服务当作自己主营业务的专业公司并不因为进行这些业务活动就变成了征信机构。

是或不是征信机构只是一种行业分类的方式，不存在原则性的问题，内中的考虑仅在行业监管上。不属于征信机构，不涉及公平、同等机会和消费者的重要利益，就不必按照征信机构来监管。

近几年来，我国在金融科技旗号下的互联网金融行业增长很快。在网贷业务增长的同时，也涌现出一大批机构为互联网金融平台提供征信服务或审贷风控等方面的服务。在互联网金融平台的潜在客户中，有一部分人从来没有接受过银行的信贷服务、没有信用交易历史，加之在目前的情况下，掌握银行信贷历史数据的人民银行征信中心尚无法为互联网金融平台提供信用报告查询服务，导致一些为互联网金融平台提供征信服务的机构注重信用风险评估业务，而忽视对借款人交易历史、特别是描述正面交易行为的历史数据的归档保存，于是偏离了征信活动的本原。征信机构的主要使命不是要让更多的消费者获得信贷服务。让更多消费者获得信贷服务是信贷机构的任务。征信机构的主要责任是使信贷服务的申请人在信用风险评估时得到公平对待。如果消费者参与了信贷交易活动，征信机构却没有能够将相关数据如实记录下来，就是对消费者的严重不公平，就是征信机构的失职。

征信进入市场化时代已有两年。在用各种市场调查报告检验征信数据源和应用场景之外，作为检查征信行业发展状况的最重要指标——信用交易历史信息的覆盖程度——有怎样的提高，一直没有看到可靠的数据。真心希望征信监管部门能帮助我们解答这个疑问。

（二）征信机构的合规义务

前一节说过，判断一家机构是不是征信机构，关键要看这家机构是否有系统化和制度化的手段获取并维护信用交易历史数据。简单来说，就是看看这家机构有多少“活”的信贷账户数据。之所以要坚持这个标准，是因为征信行业是个受法律约束的行业①，不能为所欲为、任意创新。

征信行业受法律约束，主要有两个原因：其一，征信服务涉及消

① 本节的讨论主要涉及个人征信。企业征信是另外的题目。

费者的重要利益，法律需要对消费者加以保护；其二，征信机构服务于整个信贷行业，在某种意义上剥夺了消费者的选择权，法律需要通过对征信机构进行约束来保障消费者参与市场活动的权利。

在美国，涉及消费者重要利益的领域包括信贷、保险、雇佣和租房等几个方面。总的来说，消费者“重要”利益是指事关消费者的生存和发展、又难有或鲜有其他选择的事宜。美国的法律注重对弱势群体的保护。在涉及消费者重要利益的场合，如果弱势群体受到不公正的对待，法律要出来替他们说话。中国的情况可能有所不同，但基本精神应该是一样的。虽然我国的现行法律中缺少涉及公平性和同等机会的具体内容和制度设计，但国内征信行业中一般会把发达国家的适用法条作为自律条款来使用。央行征信中心在其业务实践中就一直努力秉承这样的原则。

然而一家征信机构可能开展多种业务，并不是所有业务都涉及征信活动，涉及征信活动的业务也不一定都涉及消费者的重要利益。拿美国的例子来说，美国三大个人征信机构之一 Experian 同时也是美国最大的消费者数据提供商，三大个人征信机构的另一家 Equifax 同时又是最大的保险信息提供商。这些公司征信业务之外的其他业务线有可能不受征信相关法律的约束。换句话说，对行业监管机构来说，征信机构涉及消费者重要利益的征信活动应该是约束对象，不涉及消费者重要利益的业务活动则不必加以约束，否则不仅浪费监管资源、为被监管机构带来额外开销，也违背了征信立法背后的基本理念。我国一些市场化的征信机构目前尝试的部分应用场景属于不涉及消费者重要利益的范畴，如果涉及个人信息保护问题，可以在适当的法律或行政管理框架下解决，但没有必要应用征信活动的监管规则。

征信机构应该受到法律约束的另一个原因是征信机构的权力太大。征信机后的服务对象是整个信贷（在美国的情况下，也包括保险、雇佣、租房）行业。理想的征信数据库覆盖国家百分之百的经济活动人口。一旦征信机构说你是信用不良的坏人，所有这些机构都知道你可能是信用不良的坏人，你不会有任何其他选择余地。这于是也就意味着你可能会被排除在整个社会的经济生活之外。因此，对于广大消费者而言，确保征信机构不滥用自己的权力便成为极端重要的事。正是因为这个原因，征信立法或行业自律原则常常要求征信机构只采集和报告事实数据，即有确凿证据的数据，而不采集和报告主观的或无法证实的传闻数据。

总的来说，征信机构的业务活动是受到限制的。一些信贷机构能够做的事，征信机构是不应该做的。

为了确保征信数据的事实本质及数据的准确性、及时性、完整性和相关性，法律通常会提出一些具体要求。以下是我国《征信业管理条例》规定的部分个人征信数据处理原则：

● 采集授权原则：征信数据采集须经信息主体本人明确授权。

● 采集限制原则：“禁止征信机构采集个人的宗教信仰、基因、指纹、血型、疾病和病史信息以及法律、行政法规规定禁止采集的其他个人信息”，未经信用主体书面同意，“征信机构不得采集个人的收入、存款、有价证券、商业保险、不动产的信息和纳税数额信息”。

● 使用授权原则：征信数据仅可用于使用者与信息主体双方商定的目的。

● 内容公开原则：信用主体每年可以从每家征信机构免费获取两份信用报告（并有权在任何时间付费查询自己的信用报告）。

● 数据质量原则："征信机构应当采取合理措施，保障其提供信息的准确性"。

● 适度保存原则：不良信息"自不良行为或者事件终止之日起"保存 5 年，"超过 5 年的，应当予以删除"。

● 错误纠正原则：信用主体有质疑信用报告数据的权利；征信机构或信息提供者应在"自收到异议之日起 20 日内进行核查和处理，并将结果书面答复异议人"；信用主体不满意处理结果时，有权要求在信用报告内添加个人声明进行申诉。

上面这些规定，有些较西方一些国家的相关规定更为严苛（如异议处理期限），有些则相对宽泛（如允许数据用于任何商定用途）。但不得不说明的一点是，《征信业管理条例》所针对的征信行业实践大体上是传统的征信行业实践。在互联网和大数据带来的许多新挑战面前如何落实《征信业管理条例》的规定，还有一些不明确的地方。在下一节当中，我还会做进一步的讨论。

无论是为了合法、合规、免责，还是仅仅出于企业的社会责任感，征信机构往往使用某些自律原则约束自己，有些这样的原则会超出法律的要求。举例来说，虽然征信机构通常在信用报告数据的基础上开发各种增值产品，但信用报告数据中的某些信息一般不会在征信机构开发产品时使用。这些信息可能包括：

● 法律明文禁止使用的数据，如前面提到的采集限制原则中包含的数据。

● 法律没有禁止、但由于其敏感性而不宜使用的数据，如年龄、性别、婚姻状态、地域等信息。

● 可信度或可用性不高的数据，如收入和受雇用记录多由借款人自主报告，验证难度大。

● 不受信用主体控制的数据，如信用主体先天形成或由外界赋予、消费者经过合理程度的努力仍难以改变的属性。信用额度是一个例子，借款人通常难以控制自己信用额度的改变。

● 无明确业务含义的数据，即无法通过常识或业务规则向信用主体做出合理解释的数据，例如使用神经网络方法构建的信用风险评估模型，影响模型表现的因素往往缺少明显的业务含义。

● 不易理解的数据，即统计上成立但与信用主体直觉或常识相违背的数据。

● 出于某些技术上的考虑决定不使用的数据。

征信数据对于消费者的利益至关重要，因此对于征信数据的使用需要十分谨慎。征信机构的面前是随时可能起来维护自己权利的广大消费者，征信机构的头上晃动着无时不在的消费者权益保护机构或行业监管机构的身影。有趣的是，在美国，从某种意义上说征信机构甚至比消费者还喜欢征信行业立法，因为法律消除了诸多不确定因素，对征信机构反而是一种保护。

（三）征信数据的碎片化

我国征信行业市场化以来，在不长的时间里涌现出几百家征信机构。一个市场究竟应该有或实际能够容纳多少家征信机构？大量征信机构的存在究竟是好事还是坏事？从其他国家的实践可以看到，征信机构的数量从无到多、从多到少的变化，几乎是一种必然。征信机构几乎没有门槛，但在这个行业中生存下去并不是那么容易。美国在全盛时期有大约两千家征信机构，现在减少到 400 家，近年来监管部门认定的在征信市场上有影响力的企业（包含信贷行业之外的消费者报告企业）大约有 30 家。其实征信行业的核心企业，即有自己的信用历史数据且数据覆盖面达到相当规模的企业，一个市场大约只有少数几家，例如美国的个人征信企业只有三到四家，企业征信企业最多六到七家。其他机构处于产业链的上游或下游，要么向核心企业提供地区性或行业性的信用历史数据，要么从核心企业批发信用报告、制作行业增强版的信用报告或增添其他增值产品及服务。

几年前央行征信中心曾经研究过一个课题，论述征信机构的天然垄断性。这一问题的实质不在企业经营活动的垄断性，而是说征信数据呼吁集中和完整。完整的数据是有价值的数据。碎片化的征信数据，即分散保存在许多不同机构的征信数据，缺少其应有的价值。我们说征信机构的核心使命是获取、维护并报告消费者或企业的信用交易历史。碎片化的信用交易历史使信贷机构无法看到借款人全面和完整的过往借款行为，无法准确了解借款人当前的整体负债情况，这将不可避免地导致决策上的失误。退一步说，如果信贷机构有能力从多家征信机构获取信息（对于很多市场而言，这有相当的难度）、整合形成相对完整的信用历史数据，这样的征信市场至少是无效率的市场。

我们从国外的征信实践中看几个例子。美国的个人征信市场由三家（一段时间内是四家）大型机构支撑。这三家征信机构的数据规模大体相同，每家机构都拥有大约两亿多美国人的信用历史数据，但各机构在信贷账户层面的数据覆盖情况存在一些差异。从总体上说，美国征信市场的数据集中度是比较高的。

同为发达国家的日本则是完全负面的例子。日本的四家主流征信机构分属不同行业。银行家协会下的全国银行个人信用信息中心（KSC）采集银行拥有的贷款、贷记卡和担保交易数据；日本信息中心（JIC）采集消费信贷数据；信用信息中心（CIC）主要从百货商店等零售机构采集数据；中央通讯局（CCB）采集外资机构拥有的消费信贷数据。虽然在每个行业内部都实现了相当程度上的信用数据整合，但由于整体上征信数据市场呈高度碎片化的状态，导致日本被认为是在发达国家中消费者和中小企业信贷覆盖率最差的市场之一。

公平竞争的市场是高效率和有活力的市场。征信数据市场的竞争应该主要表现在拥有相对完整的信用交易历史数据的机构之间的竞争，以及基于信用交易历史数据构建的征信产品和服务上的竞争。于是导致以下几项观察：其一，由于数据采集的成本相对高昂，一个市场不大可能存在很多家核心征信企业；其二，不同国家采取了不同手段解决征信数据碎片化的问题，有些国家如美国完全通过市场途径走完这一步，一些新兴市场则通过立法强制采集全面数据，然后将相同的数据镜像转交给多家征信企业维护及使用；其三，征信数据碎片化是所有市场都要面对的难题，解决这一问题的手段有效与否在很大程度上取决于所在国家的国情。

二、大数据和征信

我国征信行业市场化的大潮恰遇上大数据的时代。大数据为征信行业在我国的发展增添了机遇，提供了广阔的想象空间，也带来许多挑战。大数据对于征信行业实践究竟意味着什么，是一个值得思考的问题。关于机遇，大家通常谈得很多，在本节我主要想谈谈挑战部分，包括以下几方面的内容：所谓“大数据征信”是什么；大数据给征信机构的商业模式带来的冲击；大数据对征信行业合规性的挑战；如何应对大数据对征信行业的挑战。

（一）“大数据征信”是怎样一种征信

“大数据征信”这几年谈得很多，但其真正的含义并不明朗，不知是使用大数据技术开展征信活动，还是存在一个征信行业的子行业叫做“大数据征信”？如果按照我们在前面的定义方式，征信活动是涉及信用交易报告的活动，那么征信行业与大数据与否可谓没有任何关系。无论是“大数据”还是“小数据”，获取、维护和报告信用交易历史数据就是那么一回事，不会有任何改变。即便你把信用报告数据放在“云”上或海量分布式文件系统上面，都不会使数据的性质有任何实质性的改变。

喜欢讲“大数据征信”的人，很大可能是信奉另外一种征信的定义，即征信就是为借款人做信用风险评估（或其他相关服务）。在互联网金融平台上用大数据技术为借款人做身份认证、反欺诈、信用风险评估或其他一些事在信贷申请审批过程中的确十分重要，但不等于说这些事就是征信活动，至少不等于说这些业务是核心的征信活动。

叫不叫征信其实没有那么重要，但如果以信用风险控制建模或审贷服务为主旨，你就有可能处在另一个行业中。于是你或许不需要接受传统意义上的征信监管，但也不要时不时援引一些国外征信行业的理念、立法或实践为自己在什么方面做佐证。风控建模是与征信密切相关的行业，但不属于征信行业。

（二）大数据给征信机构的商业模式带来的冲击

前面已经说过，扩大征信数据的人口覆盖面不是征信机构的最主要使命。尽管如此，为那些没有信用历史的人或企业提供进行信用风险评估所需要的数据仍然是征信机构的一项重要工作任务。这不仅能够更好地满足信贷人员的需要，也会给征信机构带来更大的收益。

在美国，大约有 4 500 万人[①]要么完全没有信用交易历史，要么信用交易历史数据过少，不足以对其进行信用风险决策。过去二十年里，美国征信行业一直试图采集并处理替代数据（alternative data），以弥补信用交易历史数据的不足。“替代数据”这个译法在一定程度上有些误导，因为替代数据从根上说既没有打算也没有可能“替代”信用历史数据，也许译为“另类数据”更好一点。然而在大多数场合，替代数据并非任何另类数据，而是特指所谓“类信贷数据”或“非信贷信用数据”，即类似但又并非借贷的信用数据，代表性的例子是电信、公用事业、医疗、租房等方面的缴费数据。这些数据通常在以下几个方面与信贷数据相似：

- 具有“先消费，后付款”的信用交易数据的特点。
- 涉及影响消费者重要利益的领域。
- 数据主要掌握在商业机构手中而不是消费者个人手中，数据的集中性高（医疗账单在这一点上是个例外）。

“类似”于信贷数据意味着消费者在这些方面的表现与其在金融决策上的表现相近，于是在缺少信贷数据的情况下，替代数据可以作为信贷数据的替身纳入考虑。在实践中，美国的征信机构也正是这样做的。替代数据的采集标准与信贷数据几乎完全一样，替代数据在信用评分模型中的使用也同信贷数据完全一样（换句话说，替代信用交易的账户被看成一类信贷账户）。对于征信机构来说，处理替代数据并不需要做任何特殊的安排。

美国的征信监管机构也看重替代数据。直到几个月前，美国联邦

---

① 美国联邦金融消费者保护局 2017 年 2 月的数字。

金融消费者保护局还召开现场会，探讨替代数据在普惠金融方面的作用。然而市场的现实并非那样美好。虽然努力了二十多年，美国征信机构在替代数据采集方面成就寥寥，数据的覆盖面、完整程度和采集的可持续性至今仍然极不理想。

值得说明的一点是：替代数据的采集对于征信行业不存在破坏性影响。除去上面提到的在业务流程上的兼容性之外，替代数据的采集和使用并不改变征信行业的商业模式。征信行业从一开始就有简单而清晰的商业模式。信贷机构通过资金成本和贷款获利之间的利差赚取利润，并将一小部分获利让渡给征信机构以解决信息不对称的问题。信贷机构将借贷和还款数据免费提供给征信机构，征信机构将多家信贷机构的借贷和还款数据整合在一起，有偿报告返回给信贷机构，征信数据的原始提供方（原始数据源方）同时也是征信产品和服务的受益方，共享数据的动机没有问题，其间涉及的成本也各有着落。我们把这里描述的关系称作“信贷生态圈”。百年来征信行业实践帮助建立起来的信贷生态圈是完整的，也是成熟的。替代数据呢？在美国，替代数据的主要报送者事实上是催收机构而不是原始的数据产生机构，如电信公司，催收机构明显有自身利益在里面。然而即便是原始数据源机构，既然替代数据大体上是缴费数据，特别是欠费数据，原始数据源机构对于信息共享也有兴趣。于是引入替代数据之后，原来的信贷生态圈得以维持（也许略有扩大）。唯一的例外是公共数据即司法信息部分。法庭作为原始数据源方没有利益在这里，于是必须通过收取费用来覆盖数据交付成本。[①] 由于涉案司法信息数量不大，这

① 在美国，司法信息的采集通过数据中介机构进行，换句话说，司法信息是从证据中介公司买来的。

一例外并不对征信机构的商业模式构成实质上的冲击。

大数据在此意义上则完全是破坏性的。大数据从根本上撼动了征信机构的商业模式。首先，大数据的原始数据源方不在信贷生态圈中，它们与征信机构的关系是纯粹的买卖数据的关系。从这样的数据源采集数据推高了征信机构的数据采集成本，压缩了其利润空间。其次，许多大数据的原始数据源方自身尚缺少稳定的商业模式，数据服务可持续与否存在许多不确定性，于是影响其在征信机构商业模式中的地位。最后，大数据的数据规模大，数据获取在技术上难度很大。以电信数据的情况为例，在传统的替代数据的语境下，共享缴费数据对于数据源方而言有合法的商业目标（收缴欠费）和合理的共享动机（通过信用报告向欠费者施加压力），加之缴费数据规模有限，向征信机构报送信息的负担不重。大数据语境下谈论的电信信息主要指所谓“呼叫细节记录”（CDR）数据，也称“电信元数据”。这类数据的数量远较缴费数据大，且由于电信法等各种法律和法规的缘故，其可共享性存在一定的疑问，加之电信运营商除销售获利外没有更充分的激励去推动数据共享，造成数据获取十分困难。其他类型的大数据也或多或少地存在类似的问题。

在某种意义上，大数据共享的动机比虚高的获取费用影响更为严重。互联网金融平台收取的贷款利息和费用一般比较高，如果建立起合适的商业模式，一部分获利可以用来覆盖采集大数据的额外成本，但数据共享动力和共享渠道的可靠性则存在相当大的不确定性。这里涉及一些合法性或合规性上的考虑，将在下一小节讨论。

（三）大数据给征信行业合规性带来的挑战

大数据在一定程度上有助于解决数据匮乏的问题，但这些扑面而来的数据能不能由征信机构使用成了新的问题。如前文所说，包括互联网金融平台在内的信贷机构在数据使用方面有相对较少的法律责任和约束，自由度会大一些，但征信机构则没有这么宽松的条件。

征信机构使用大数据的难处主要表现在以下几个方面。

首先，大数据将数据的生产者和使用者之间的距离拉得很远，二者之间不仅难以协调行动，甚至在许多场合下后者都难以弄清前者究竟是谁。在传统征信活动中，征信机构是信用数据的产生机构和使用机构之间唯一的数据中介。在大数据情况下，二者之间不知道存在多少数据中介，这使情况变得十分复杂。

其次，传统征信立法中对于信用主体授权和数据使用目的的事先商定等要求，在大数据的情况下完全无法落实。事实上数据源机构由于并不是信贷生态圈的一部分，征信立法对其基本没有约束力，征信机构除了弃用这些数据外很难有更多的控制手段。

再次，大数据的数据规模巨大，增长及更新迅速，获取成本相对高昂，传统征信活动中采集数据的做法变得不现实。这同时也说明，征信机构基本上没有可能将数据置于自己的管理之下，基本无法履行自身的数据质量管理职责，无法保证数据的准确性，也难以保障数据主体对数据的知情权、访问权和纠错权。

最后，大数据的本质特性之一是通过对大数量和多样性的数据进行分析，最终做到去芜取菁、去伪存真。但由于对于数据的准确性缺乏客观的判断标准和制度化的保障，法律怎样看待大数据的准确性还是个无法知悉的问题。

大数据门类繁多，并非所有数据都存在同等程度的法律责任问题。我们来看看征信活动中经常接触到的几类大数据。

行业当中有时将征信活动中经常接触到的大数据分为三类，这三类数据分别是：

● 在线数据：通过互联网活动产生的数据。代表性的在线数据包括社交媒体数据、电商交易数据和上网行为数据等。

● 电信 CDR 数据：包括其他类似场景下生成的数据，例如公用事业、租房、宽带或有线电视使用等方面的细节数据（非缴费数据）、线下的消费行为及生活方式数据等。

● 心理测量学数据：消费者自行报告的心理学测试结果数据。

从国际征信行业的情况来看，这些“非信用交易”数据中最容易惹麻烦的是社交媒体数据。这里举几个例子。

2012 年，德国最大的征信机构舒法（Schufa）曾设立过一个为期三年的研究项目，委托珀茨丹姆大学研究社交媒体信息在信用风险评估方面的潜在用途。消息泄露给媒体后，在德国社会引起了强烈反响，最终导致该研究项目被取消。

2015 年，美国著名社交媒体公司 Facebook 借助并购得到的技术资产申报了一项专利，依据类似“朋友圈”的社交关系信息判断信息主体信贷违约的风险。但在之后，不仅没有将专利付诸实用，反而收紧了网贷企业对社交信息的访问权。据传，此前美国政府负责隐私保护的独立机构联邦贸易署（FTC）曾威胁说，考虑将 Facebook 作为征信机构加以监管。

2016 年 6 月，美国政府公布的《大数据研究和开发战略计划》中曾特别安排项目，要求研究社交媒体信息中存在的“系统性错误”问题。

国际上可见的征信机构涉足大数据的唯一举措也许是心理测量学

数据在信用风险评估方面的应用。心理测量学数据属于信用主体自行报告的数据，数据的获取经过授权，数据的准确性没有太大问题，数据处理活动的公开性能够加以安排。多年来的全球心理学研究结果为心理测试数据与信贷违约可能性之间的统计相关性提供了一定程度的支持。美国某大型个人征信机构曾与南美某国征信机构合作，基于心理测量数据为没有信用历史的小微企业主提供征信服务。虽然心理测量数据在保障信息主体信息隐私权等方面与许多其他类型的大数据相比占据一定优势地位，但心理测量数据在征信机构的使用或有自身独特的需要关注之处。心理学界的研究曾建议，心理测量数据中容纳的人格特质信息与信息主体的驾驶习惯、某些疾病的发病率甚至寿命都可能存在弱但可靠的相关关系。于是心理测量数据可能如同《征信业管理条例》中规定的基因或血型信息一样，具有一定的私密性，需要小心看护，并确保不被用于其他用途。

（四）应对大数据对征信行业的挑战

大数据为解决信用风险评估方面先前不易解决的问题提供了新的思路和腾挪空间，与此同时，大数据也给征信行业带来了不少挑战。征信机构对此应该有清醒的认识，并以开放的心态应对这些挑战。粗略地想，有如下几条建议。

（1）对于不易采集的大数据资源，放弃“数据集中”的目标，改为“按需索取”的方式解决数据访问问题。通过商务条款安排努力削减或免除在这些按需索取的数据上本机构须承担的法律责任。

（2）对按需索取得到的数据沉淀备查。如果信贷机构通过征信机构获取来自第三方数据源的大数据，或者交付给信贷机构的信用评分在计算时使用到第三方大数据数据源的数据，在依法向信用主体披露的信用报告中应包括这些得自第三方数据源的数据内容。否则，征信机构不必在所发布的信用报告中包含来自第三方大数据数据源的数据。

（3）同大数据数据源合作，探讨对大数据进行浓缩或提炼以缩小数据规模的可能性。如果可能，征信机构可以与数据源机构做出适当商务安排，系统化地采集和维护这些浓缩后的数据。此时，这些数据将被考虑作为传统非信用数据进入信用报告。

（4）对于征信机构提供的基于大数据构建的预测模型，向信用主体明确说明模型使用的输入数据情况和涉及模型算法的相关信息，同时给予信用主体要求信贷机构停止使用大数据模型、转为使用传统手段进行信用风险评估的权利。

对于大数据在信用风险评估过程中的真实表现，目前行业还知之甚少，相关的法律框架也不明确。希望我国的金融科技从业人员不仅在互联网金融市场规模上领先世界，在大数据的征信使用方面也做出表率。

三、征信市场化意味着什么?

说征信市场化有些滑稽。征信服务在中国的信贷市场一直是市场化的。央行征信中心开始是借钱经营，后来以覆盖成本为目的收费，为信贷市场参与者提供服务。征信活动是商业活动，商业活动依托市场而存在，只不过从前中国国内的征信市场不是一个自由甚至公平竞争的市场，存在诸多限制。例如，外资机构不可经营征信公司、央行征信中心依法强制在被监管的信贷机构采集信贷数据等。其实征信中心的运作一直是挺“市场”的。下面为了表达的方便，暂且将征信中心之外的这些征信机构称作商业化的征信机构，以与不以盈利为目的的央行征信中心加以区别。

央行征信中心对于国家征信行业的建立和发展做出了重大贡献。在这里，我先对征信中心做一点简要的介绍。

（一）央行征信中心是一家什么样的机构

2007年4月，中国人民银行征信中心与征信管理局分设，独立运营，2008年5月正式在上海挂牌，是中国人民银行总行直属的自负盈亏的事业单位。

按照征信行业的通用分类方式，征信中心属于国家央行所属的公立征信机构，受《中国人民银行法》等法律或法规的约束。按照行业惯例，公立征信机构只同有牌照、受到金融监管的信贷机构打交道。要求公立征信机构从非监管机构采集数据，需要克服一些法律上的障碍。

通常公立征信机构的创建主要服务于金融机构的监管目的。许多公立机构不采集零售信用数据，只采集企业信用数据，数据采集在金额上有一定的门槛。公立征信机构通常只向客户机构提供有限的征信服务，服务一般是免费的或少量收费。近年来，越来越多的国外公立征信机构在数据采集和产品及服务上表现得更像私立征信机构，但其公立机构的基本特性没有改变。

事实上在征信中心正式成立之前，国家的企业及个人两个征信信息系统已经建成并投入服务，彻底改变了我国没有全国性信贷征信机构的情况。征信中心在国家的征信体系建设上充分发挥了公立征信机构的长处，在很短的时间里获得了以商业银行为主体的信贷机构的理解和认可，走完了最艰难的银行信贷信息共享这一步。

在信息技术层面，虽然还有很多不尽如人意的地方，但是征信中心征信信息系统的服务水平在信息采集频率、异议处理效率等方面成绩斐然，甚至超过世界上许多发达国家的水平，包括美国。

按照机构性质，征信中心属于非营利机构，从事非竞争的征信市场活动。简单的说法是：适合市场做的事，征信中心不做。于是指责征信中心开发征信增值产品的力度不够，有一些偏颇。征信中心的基本使命是提供基础征信服务。

征信中心在市场服务中强调公平性，大小机构一视同仁。征信中心的经营活动在合法性和合规性方面对自己要求很高。虽然目前国内征信行业的法律和法规体系尚不健全，但征信中心比照先进市场的通行原则和最佳实践对自己有比较强的自律。

简单地说，人民银行征信中心用十年多的时间，高效率、高质量地完成了中国信贷市场上征信服务从无到有的转变。但要做到从有到好，前面还有很长的路。例如，虽然征信中心秉承“适合市场做的事，征信中心不做”的非竞争性原则，但市场怎样去做“征信中心不做的事”还是个问题，因为市场目前没有合法的途径访问征信中心采集和维护的信贷征信数据。虽然征信中心没有做错任何事，但行业和市场并不能从征信中心的自律中受益。

（二）征信市场是个什么样的市场

征信市场的主旨是提供消费者个人和企业的信用交易历史数据，帮助信贷机构进行信用风险控制活动。

从征信活动的意义上说，信贷市场可以粗略地分为三个子市场，这里且称呼它们为银行信贷市场、市场信贷市场和商业信贷市场。银行信贷指持牌照的金融信贷机构发放的信贷产品，市场信贷指不受监管的金融信贷机构发放的信贷产品，而商业信贷指非信贷商业机构相互之间的信贷关系（如赊销）。

银行类信贷机构的信贷交易信息基本（或将要）被央行征信中心一网打尽。这本是征信中心的基本使命，征信中心做得不算差。

目前如火如荼的互联网信贷活动属于所谓的市场信贷活动。近两年来涌现的许多商业化征信机构专攻这一市场。虽然没有看到具体的市场覆盖面数据，从支离破碎的数据来看，前面还有很长的路要走。

商业信贷市场尝试的人不多，可能因为缺少合适的商业模式。然而我们注意到，美国企业征信巨头、有百多年历史的邓白氏公司发布的信用报告中报告的信用交易，几乎完全是商业信贷交易。换句话说，对于企业信用市场而言，商业信用市场是主战场。

征信市场的规模，我认为度量标准主要不是市场上征信机构的营收总额，而在于信用交易历史数据的覆盖率。这个覆盖率数字应该是整合、去重之后的数字，回答诸如全国的经济活动人口中有多少人仅在某一个信贷子市场上有借贷、有多少人在多个信贷子市场上有借贷、有多少人在任何信贷子市场上有借贷之类的问题。换句话说，征信市场规模要衡量我国信贷市场究竟服务了多少借款人。目前除了征信监管机构，恐怕没有人能够获得这个数字。

通过对市场规模数字作纵向比较，我们就能够看清国家征信市场的发展速度，以及在普惠金融的大目标下，前面的路还有多远。

另一个数字也许应该是国内征信数据市场上可访问数据的规模。有些人的借贷信息“在市场上”，但只能由数量有限的一个人群或数目有限的一些机构来访问。总体规模不小，但信贷活动的许多参与者不能访问其中相当一部分信息，这样的征信数据市场显然不是有价值的市场。

世界银行多年来一直鼓吹建立以私立征信机构为主体的竞争性的征信市场，因为竞争性的市场是高效率的市场。对于竞争性的征信市场，我的理解是这样的：首先，行业通常认为在信用信息的采集端和服务端应有不同的竞争性要求，采集端应该是适度竞争，而服务端应该是充分竞争。其次，采集端的竞争应该是公平的，即所有参与竞争者应掌握近似相同的数据资源，应具有近似相同的市场参与能力，而在服务端则不然。任何有一技之长的竞争者，规模无论大小，都可以获得参与市场活动的同等机会。

（三）对中国征信市场的展望

在前面讨论的基础上，想说说在我心中中国未来的征信市场可能会是个什么样子。

一个避不开的问题是在中国未来的征信体系中，央行征信中心可能会扮演一个什么样的角色。先来试着讨论这个问题。

征信中心未来有三个可能的角色：其一，改制成为以盈利为目的的企业参与竞争，与此同时丧失《征信业管理条例》赋予的强制采集信贷数据的特权，与其他征信机构一起竞争获取数据采集权利；其二，继续扮演目前的商业银行信贷数据独家采集者的角色，并将所采集到的数据共享给其他够条件的征信机构；其三，继续履行目前的数据采集职能，但允许其他征信机构向商业银行采集信贷数据。三条路径当中，感觉央行允许征信中心改制为企业并进入市场竞争的可能性不大，而就数据采集环节来说，央行目前的表现已经足够好。央行与商业银行的关系使得征信中心履行自己的数据采集职能相对容易，商业银行也对作为央行下设机构的征信中心在数据安全及维护市场的公平性等方面有足够的信任。与此同时，允许多家商业化机构向商业银行采集信贷数据只能陡然增大信贷机构的运营成本，加大监管的难度。于是，走第二条路也许是比较可行的安排。

市场信用方面，目前呈现出百舸争流状态的商业化征信机构最终会将市场信用数据汇集到少数几家机构手中，完成市场信用数据的集中化。同样，希望商业化的征信机构能够找到办法，实现商业信用数据的集中化。虽然三大信用数据子市场的形成不改变国家征信数据市场碎片化的状况，但数据在子市场集中之后，征信数据碎片化的程度已经降低了很多。

接下来，征信监管部门应该做出制度化的设计，使得央行征信中心采集的个人银行信用数据能够分享到满足要求的至少两家商业化征信机构手中。能够掌握集中化的市场信用数据的机构似乎是合适的候选机构，去接受征信中心的银行信用数据。与此同时，这些机构也应该将自己手中的市场信用数据同征信中心共享。这一过程完成之后，将存在至少三家征信机构掌握包括银行信用数据和市场信用数据在内的完整的信贷信息。

在企业征信方面，能够在商业信用信息采集方面占有足够大市场份额的商业化征信机构有资格与征信中心共享企业信用信息，操作方式与个人征信方式大体一致。

与商业化征信机构分享信用信息之后，征信中心的收入会下降。一个建议是：征信在同商业化征信机构分享信用数据时可以收取一部分费用，而征信中心从商业化征信机构获取市场信用数据时无须付费。此外，征信中心应该通过契约方式规范接收数据的商业化征信机构的某些业务行为，例如对使用征信数据做营销进行适当限制等，确保这些机构不滥用共享的信用数据。

作为过渡措施，在全国性的商业化征信机构出现之前，应允许征信中心与占有足够数量市场信用数据、数据质量好、经营规范的商业化征信机构在对等基础上交换信用数据，即允许这些机构从征信中心获取相关信用主体的银行信用数据，与此同时与征信中心分享同一人群的市场信用数据。

征信中心继续向市场提供信用报告和信用评分服务，以及其他基础服务。征信中心提供的服务应确保收费低廉，以维持中心的公益性质。对成本比较在意的信贷机构可以寻求使用征信中心提供的产品或服务；对于产品和服务的质量要求较高的信贷机构，则可以使用商业化征信机构的产品和服务。

应该允许商业化的征信机构发展自己的代理商、产品或服务的分销商及增值服务商，允许下游企业从商业化的征信机构批发征信基础产品，融入自行采集的数据和分析工具，从而提供增强版的信用产品，或者针对某一特定行业（如教育、零售、交通等）或地域的信用产品。征信机构也可以向上游的专业征信机构批量获取信用数据，丰富自己的信用数据库。

政府物价管理部门及征信监管机构对信用报告产品实施限价管理，并采取其他有效措施约束商业化征信机构在基础征信产品上追求利润最大化的冲动。

征信监管机构如果喜欢对商业化的征信机构进行牌照管理，管理范围应仅限于那些手里有足够数量信贷账户的机构，特别是与征信中心分享信用数据的几家大型征信机构。这些机构享有获取银行信用数据的特权，也应该承担正确使用这些数据的义务。监管机构应该密切注视这些机构是否将数据用于信贷活动及法律明确许可应用的领域之外的一些领域。监管机构也应密切关注这些机构向代理商、分销商、增值服务提供商等下游企业转移数据行为的合规性。

征信中心应将信贷市场分析和消费者或企业的信贷产品消费行为分析作为自己的一项主要任务。各大征信机构应向学术界或研究机构提供无偿或适当收费的数据服务。所开放的数据应包括全市场汇总数据和小样本账户级数据。

征信行业的成长依赖信贷行业的成长。只有信贷行业真正成熟起来，征信行业才能成熟起来，然而征信行业也可以通过自己的努力帮助和推动信贷行业发展。我们期待中国的信贷市场和征信市场在良性互动中高速发展，早日成熟起来。

（整理：邱丽颖）

第 9 讲

芝麻信用的探索与实践

2016 年 10 月 18 日

胡　滔

胡滔，蚂蚁金服副总裁，芝麻信用总经理。秉承让世界“因为信用，所以简单”的使命，致力于为普通消费者和小微企业提供信用管理和评价服务，带领团队用创新的技术和领先的算法推出国内首个个人信用评分——芝麻分，推出免押金租车及租房借还等各类信用免押服务，也给众多缺少信贷记录的普通消费者和小微企业带来普惠金融便利；通过合作伙伴联动搭建守信激励和失信惩戒机制，对进一步完善中国信用体系的建设进行了有益的探索。

加入蚂蚁之前，历任招商银行总行零售银行部总经理、零售网络银行部总经理等，带领团队多次荣获 The Asian Banker 评定的“中国最佳零售银行”殊荣。国防科技大学计算机系学士、华中科技大学计算机系硕士。

本次讲座以个人征信业发展为线索，结合芝麻信用的实践探索展开讨论，内容主要包括五个方面：征信的基本概念、国内外个人征信行业的发展、大数据风控技术的创新与应用、芝麻信用的实践、行业发展思考与建议。

一、征信的基本概念

一提到信用，大家可能首先联想到信用卡、房贷、车贷等金融领域的东西。当人们向银行等传统金融机构申请贷款时，机构会根据其搜集到的客户数据做出合理的放贷决策，这些数据既包括自有数据，如申请表上的数据、客户曾经在该银行办理过的业务数据等，也包括去征信机构所查询的相应数据。

然而信用不仅仅停留在金融领域。所谓“车无辕而不行，人无信则不立”，信用是获得社会信任的资本，就整个社会而言是最核心和基础的。我们一开始做芝麻信用的时候，就不太想只是做一个金融机构可用的评分，这也是芝麻信用和央行征信中心的差异化定位。当前中国金融还处于自由化和市场渗透都有待进一步发展的阶段，在美国，几乎每个镇子、每隔一两公里就有银行网点，服务做得非常深入，可以渗透到每一个消费者、每一个小微企业，但是中国地大物博、人口众多，很多社区、农村的金融渗透率是非常低的。

信用也不仅仅只有一种形态。中国人民大学的吴晶妹教授写了一本书叫《三维信用论》，她认为信用主体的信用由三个维度构成：首先是个人素质的诚信度，就是我们常说的一个人是否讲诚信；其次，社会活动的合规度，即个人作为社会的成员，是否遵循社会的规定、规则、惯例等；最后，经济活动中的践约度，也就是所谓的经济信用。

那么大家会问，既然信用的形态这么多，芝麻信用解决的到底是什么问题呢？经过分析发现，首先，诚信度是非常难以量化评估的，而且不稳定，比如，人们有时候也会说些善意的谎言。其次，合规度可能更多地应用于政府治理工作，如规则管理等方面。最后，两千年金融经济发展的历史证明，只有践约度所对应的违约率是可以量化和预测的。所以芝麻信用作为一家基于数据和技术的风险评估和风险管理咨询服务公司，就专注于经济信用的评价环节。

概而言之，征信的本质是帮助甄别风险。芝麻信用可以帮助一些机构识别它们的服务对象的风险，减少信息不对称。从场景的角度来讲，芝麻信用应用的场景取决于市场需求，选择非常多，既有金融，也有商业、生活等；从风险的角度来讲，不仅有信用风险，也有冒用、欺诈等其他风险的可能性。

二、国内外个人征信行业的发展

经过百余年发展，主要发达国家已经形成较为完善的个人征信体系，其中最好的是美国。

（一）美国个人征信行业

美国的个人征信行业已经有超过 170 年的发展历史了，第一家信用局在 1860 年成立。20 世纪 30 年代，第一次世界经济危机大规模爆发，政府制定了一系列扶持信用管理机构的条例，民间征信机构就此蓬勃发展。20 世纪 80 年代后，美国独立征信局市场经历了大洗牌，征信局数量从高峰期的 2 000 多家到目前形成三大全国性的征信巨头——Equifax、TransUnion 和 Experian，此外还有两三百家地方性征信机构。所以美国的个人征信行业经过不断整合、洗牌，最后沉淀下来这三大巨头。如图 9－1 所示。

征信的发展需要良好的法律环境。美国在 1971 年开始实施《公平信用报告法》，之后相继出台数十部法律以规范征信行业的发展，到 1996 年出台《公平信用报告法革新法》，现在其相关领域的法律已经有 17 部。法律规定的信用信息使用目的从最初的信贷、保险、就业、房屋租赁、催债公司等，最终扩展到只要能够获得消费者允许的所有目的。场景应用也早就从金融和纯信用相关的领域，渗透到更多的商业、生活场景，这是由市场需求决定的结果。

目前美国个人征信产业由 Experian、TransUnion 和 Equifax 三大

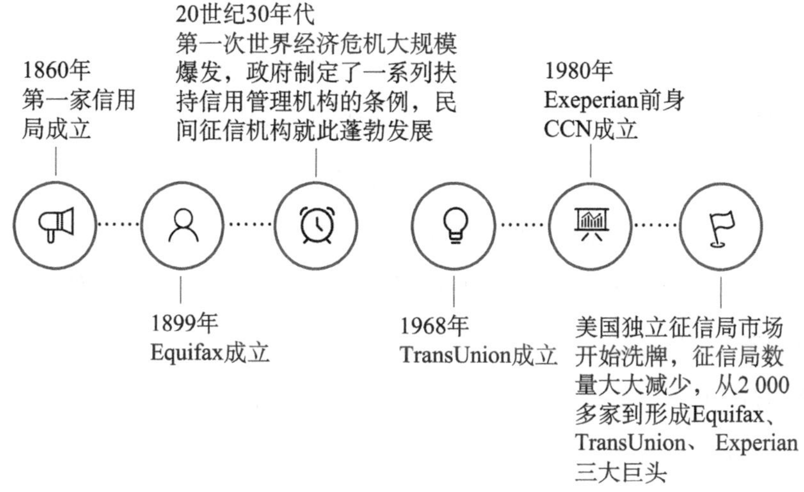

图 9－1　美国个人征信行业发展

信用局为核心的个人信用体系以及 FICO 信用评分机构构成。它的数据库在 20 世纪 80 年代已经覆盖了全美所有消费者的全部信用活动记录，每年营业额超过百亿美元。在美国，FICO 评分很重要，大家都需要积累 FICO 评分，因为它的应用场景非常丰富，申请信用卡的时候要用到，租房子、办手机卡等都要用到，普通消费者可以强烈地感知到信用的存在。而在中国，央行征信中心自 2006 年开始推出对市场的服务，但可能很多老百姓对央行征信中心的感知不那么强烈。作为一个消费者，什么时候可以感知到央行征信中心的存在呢？比如当你申请房贷，机构告诉你，对不起，你有一张信用卡逾期了，因此不能给你发放贷款，也就是说，贷款被否决的时候才会感知到。如果你是一个信用很好的人，可能根本就感觉不到央行征信中心的存在，因为它没有给大家做评分，也没有告诉消费者可能有一份信用报告，而这份信用报告是给银行看的。所以从这个角度讲，芝麻信用在 2015 年获得央行许可开始准备工作之后，做的第一件事情不是去做征信报告，而是去做信用评分。我们认为优秀的消费者端评分产品可以更好地唤醒大家的信用意识，让大家意识到信用的宝贵，使之成为一个积累信用的平台，进而促进整个社会的信用体系趋向完善。

（二）国际上个人征信行业的主要模式

国际上个人征信行业的模式主要有三种：一是政府主导型，以法国为代表，它们的征信基本都由央行承担，几乎没有市场化的征信机构，有利于保证国家信息安全。但是信息使用者仅局限于金融机构，而且只搜集负面信息，征信评价不完整。二是混合型，以日本、德国和韩国为代表，它们的征信体系结合了央行和市场化的力量共同运营。三是市场主导型，以美国为代表，美国的征信环境为纯市场化运作，所以对监管的要求比较高，刚才我们提到美国有 17 部相关法律。各国征信行业主要模式如表 9－1 所示。

表 9－1　　国际上个人征信行业的主要模式

	政府主导型	混合型		市场主导型
代表国家	法国	日本	德国	美国
模式出现的原因	● 大政府 ● 信息安全，惩戒违法为主要任务	● 行业协会对经济发展有巨大影响力	● 历史悠久的金融行会，金融机构对行会信任度高	● 小政府 ● 保护投资者利益为首要任务
核心机构	● 法国央行 ● 基本无市场化征信机构	● 行业协会组织的非营利性三大机构 ● 商业公司如 Crecon Researching and Consulting Co.	● 央行提供基础信息 ● 金融行会牵头建立的 Schufa 等民间征信机构提供数据分析和评分	● 三大征信局及 FICO 等主要征信机构全部为民间机构
优劣势	● 保证国家信息安全 ● 信息使用者仅局限为金融机构 ● 只搜集负面信息，征信评价不完整	● 政府干预较小 ● 搜集信息种类较少，不全面 ● 行业间，机构间信息互通少，较封闭	● 信息使用者不局限于金融机构，开放度较高 ● 缺乏 FICO 类的丰富的对接应用	● 行业细分，对接应用最为全面，最具活力 ● 市场淘汰过程慢，代价高 ● 市场化运作，对监管等基础环境要求高

（三）中国征信行业高速发展

中国的征信行业作为后起之秀，处于高速发展中。2006 年 1 月，全国集中统一的个人信用信息基础数据库建成并正式运行。同年 11 月，人民银行征信中心正式注册为事业法人单位。2007 年，征信中心和征信管理局分设。在过去将近 9 年里，征信管理局主要负责监管征信中心，后来批准成立的企业征信机构也是由征信管理局负责监管。2013 年《征信业管理条例》的颁布是一个标志性事件，我国征信业正式开始有法可依。2015 年 1 月，中国人民银行通知芝麻信用等八家民营机构开展个人征信业务准备工作。中国征信行业的发展历程如图 9 - 2 所示。

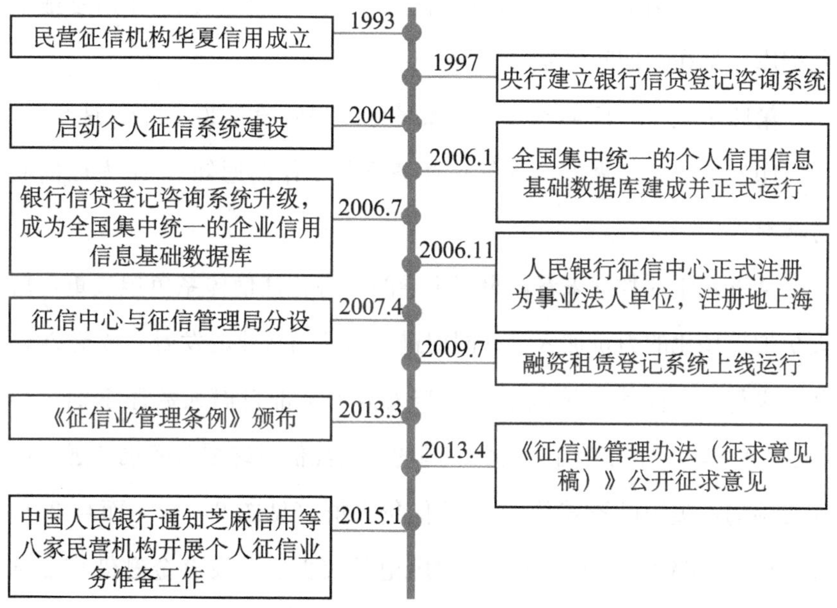

图 9 - 2　中国征信行业的发展历程

回顾整个中国征信行业发展的历史，我们可以将其划分为四个阶段。

第一阶段（1988—1995 年）为探索阶段——征信业初具雏形。出于企业债券发行和管理、满足涉外商贸往来企业征信需求等原因，我国陆续成立了一批针对企业的信用调查中介机构。

第二阶段（1996—2002 年）为起步阶段——企业征信深入，个人征信起步。企业征信方面，由央行领导，推动企业征信深化工作，截至目前，全国有 100 多家企业征信机构，但并没有出现强势的领导品牌。个人征信方面，1999 年上海资信有限公司成立，是个人征信的重要突破。银行信贷登记方面，银行信贷登记咨询系统上线。

第三阶段（2003—2014 年）为深化阶段——企业与个人征信持续深化。这一阶段明确了央行作为社会信用体系建设的管理作用。2004 年央行筹建全国统一的个人信用信息数据库，全国企业信用信息基础数据库也是在这期间建立的。

第四阶段（2015 年至今）为市场化发展阶段。2015 年 1 月 5 日，央行印发了《关于做好个人征信业务准备工作的通知》，个人征信业务起航。

从近几年的数据来看，央行主导的中心化征信体系负担过重，需要更加市场化的力量加入，共同促进个人征信行业的发展。截至 2014 年，央行个人征信系统收录的信贷人数占全部自然人数还不到一半（见图 9－3）。对比美国，整个中国的个人征信系统覆盖率也是远远低于美国的，美国已覆盖约 85％的信贷人群（见图 9－4）。而且 2015 年，FICO 又针对将近 5 000 万信用记录较少以及没有金融借贷信息的客户，推出了 FICOXD 评分，与芝麻信用评分非常类似。它既有金融借贷数据，也有一些其他的交易数据，比如水电煤等生活缴费、房租、电信的账单，等等，这些记录都成为个人信用评价的维度。

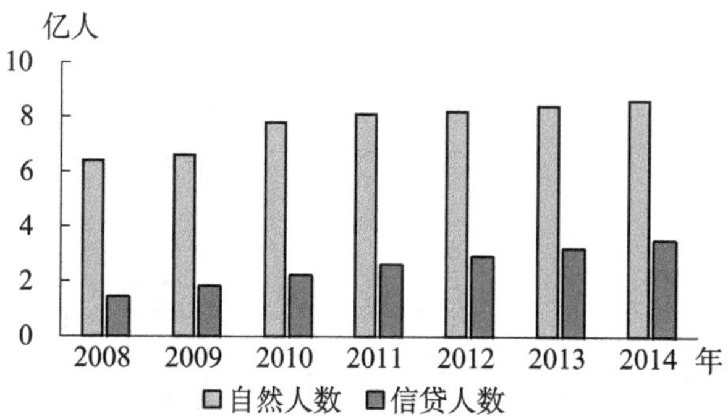

图 9-3　个人征信系统收录自然人数及信贷人数

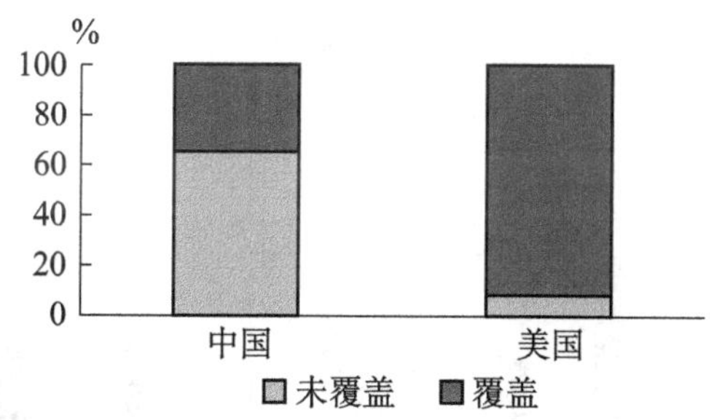

图 9-4　主要个人征信系统覆盖率（2014）

资料来源：征信系统建设运行报告（2004—2014）；美国消费者金融保护局；BCG 分析。
说明：以拥有有效信贷记录为准，仅考虑 15～64 岁人群。

三、大数据风控技术的创新与应用

随着技术发展，征信业经历了逐渐进化的过程。最初工业化时代用纸质记录、邮寄传播、人工定性判断，到了电子化时代则是电子化记录、互联网传播、数理统计模型判断。接下来我们重点谈一下，在当今移动互联网、大数据广泛应用的市场环境下，到底需要用什么样的大数据、怎样做风控。

（一）个人征信行业的生态体系

在基于大数据的征信行业生态体系里（见图 9-5），参与主体除

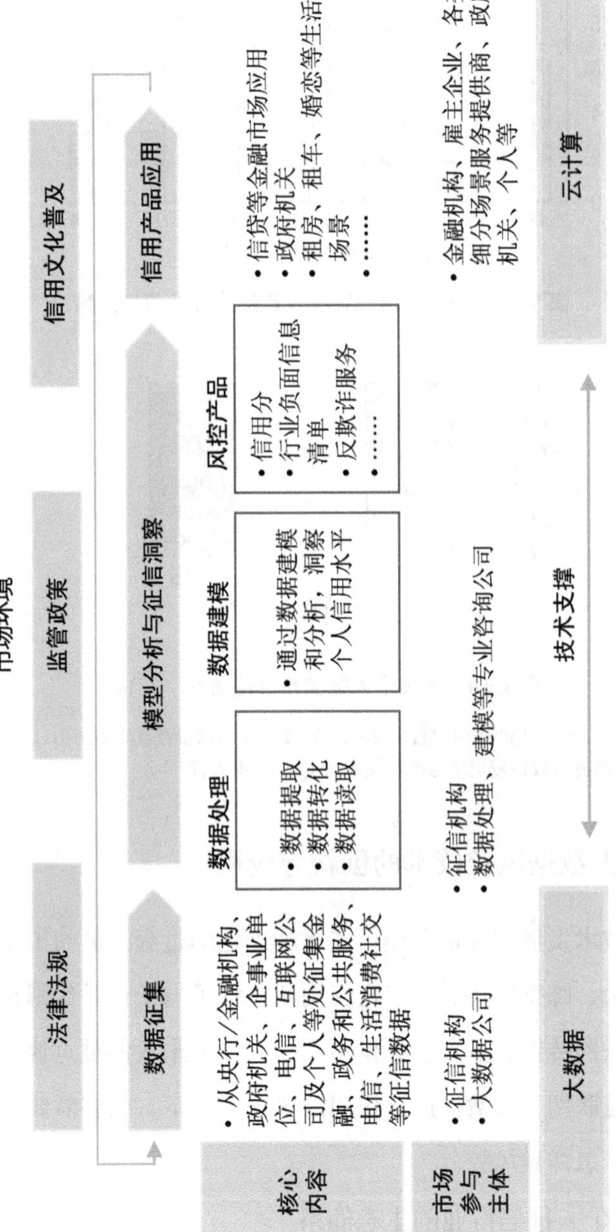

图9-5　个人征信行业的生态体系

征信机构以外，还有一些基于数据处理和建模的大数据公司，其主要技术支撑依托大数据与云计算。以芝麻信用为例，用户的信用评分是在大量数据基础上，由云计算实时打分算出来的。如果用户没有授权给芝麻，没有开通服务，芝麻信用是不可能去搜集该用户的数据并评分的。每次每个新客户授权芝麻后，后台会实时跟踪各个数据源，实时计算，因此对计算能力的要求非常高。

基于大数据技术的征信过程包括数据征集、模型分析与征信洞察、信用产品应用。首先向各数据合作伙伴包括金融机构、政府机关、企事业单位、电信、互联网公司等征集征信数据；经过用户授权之后，将数据归户、提取、转化、读取。其中归户是一项很核心的工作，因为信用是基于每个个体的，面对分散复杂的数据，需要确认它们是否归属于同一个人。在此基础之上，将数据提取并转化为特征变量，进而建模和分析，形成信用产品，提供信用评分、行业负面信息清单、反欺诈服务等。随着移动互联网的普及、人工智能和深度学习技术的应用，产品评分的范围、可评分对象和评分准确度得到很大提升，大大扩展了信用产品的应用场景，从金融市场到政府机关，再到租房、租车等生活场景，信用产品都有用武之地。

新兴的数据风控产品对于传统征信可以起到很好的补充作用。传统的征信服务主要针对有金融借贷需求的人群，而新兴的数据风控产品也可以服务于缺乏信贷记录的人群。以芝麻信用为例，芝麻目前有大约 2 亿用户，其中 70％都没有信贷记录，而央行征信中心的数据库里收录自然人数 8.7 亿人，其中有信贷记录的人数 3.7 亿人，仅占约 40％，所以芝麻信用对于央行征信中心是有一定补充作用的。第一，许多央行没有覆盖的人群，在芝麻信用上是有评分的。很多信用卡机构在与芝麻信用合作之前，基本不会贷给在央行无信用记录的人群，因为他们属于不了解人群；但与芝麻合作以后，原本要拒掉的客户中可能有百分之七八十因为芝麻评分可以享受其服务。第二，对于在央行征信中心有记录的人群，其记录以信贷数据为主，而且可能近三五年没有贷款行为，那么芝麻信用可以补充用户近年无信贷记录期间的行为数据。第三，很多机构在央行征信机构判断的前提下叠加芝麻的服务，这样做可以降低一部分风险。根据几家合作银行的数据反馈，风险率可以下降大约 20%。

（二）信用评分开发流程

那么信用评分是怎么开发出来的呢？图 9-6 清晰地展示了基于大数据风控技术的信用评分开发流程。数据源进来之后，首先对数据进行清洗，然后将其归户，即把数据归到每一个客户的名下，这一步很重要。非实名数据是无法做征信的，这就是为什么很多公司如搜索引擎公司也拥有大量用户数据却很难做征信。接着，对数据进行原始加工，存放到数据集市里，在这个过程中，对数据质量的把控非常重要，必须基于真实的数据进行判断。

在此基础之上，再进行一些精细化的研究。变量预筛选后，提炼特征变量，用多种算法进行分析，除了逻辑回归、梯度提升决策数，还有随机森林和神经网络等创新方法。此外，还可以应用一些创新技术。分群调整技术根据每个不同类型的客群分别做调整，使得评分更加准确。增量学习技术类似于人类自身的学习模式，应用深度学习技术，在原有模型基础上，不断从日益增加的新数据中获得有用信息。平滑处理技术维持了评分的稳定性，使得模型调整不至于发生过大的偏移。经过以上多数据源多算法的研究与比较，最终形成具有准确性、

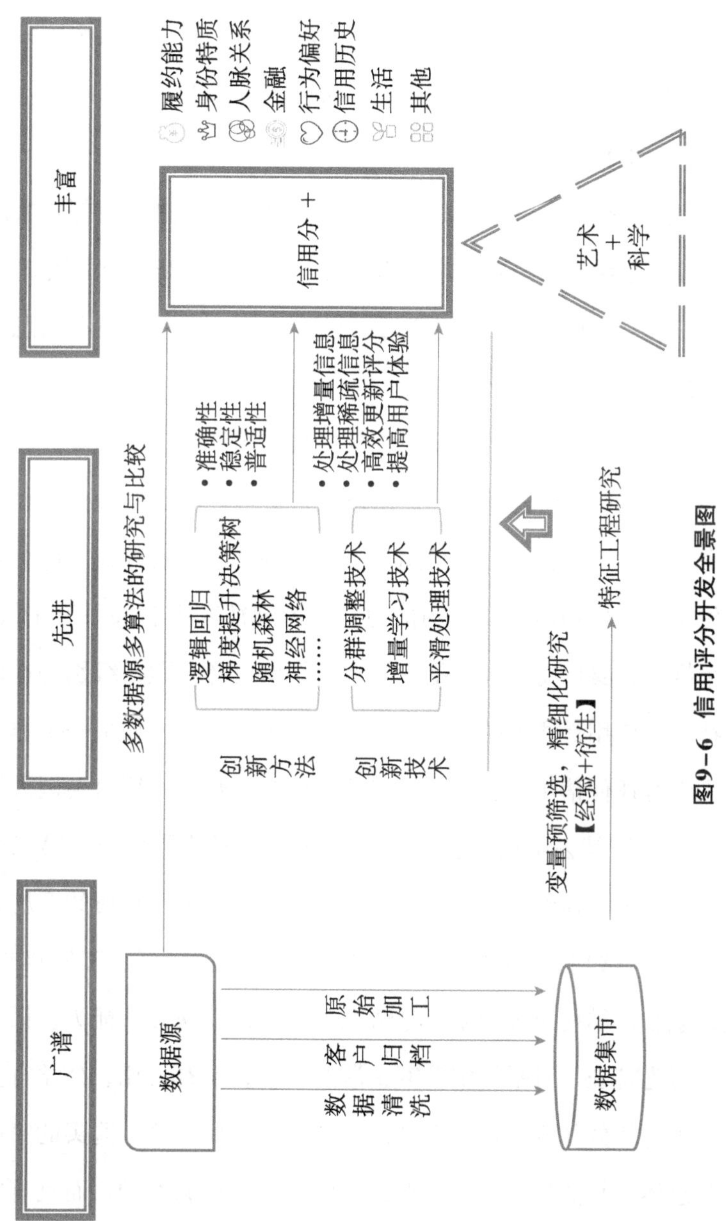

图9-6　信用评分开发全景图

稳定性和普适性的信用分，该评分则可以从用户的履约能力、身份特质、人脉关系、行为偏好及信用历史等维度进行解释。由于评分中含有概率的因素，我们也常说信用评分是科学与艺术的结合。

（三）数据采集原则

很多人一提到大数据风控，就觉得数据越多、越细越好，实际上并非如此。总结起来，数据采集有合法、相关、正当三个原则。

第一，合法性原则。在用户授权的前提下，采集的所有信息必须符合法律法规的规定。

第二，相关性原则。采集的数据要与信用评价体系相关。比如芝麻信用的定位是评价经济信用，所以只采集与之相关的数据。在成千上万个变量中，真正与经济信用核心相关的变量只有大概 100 个，涵盖身份特质、信用历史、履约能力、行为特征和人脉关系五个维度。第一个维度：身份特质。包括学历、工作单位乃至职务级别等在内的身份特质与信用是相关的。第二个维度：信用历史。如果一个非常守信的人没有任何信用历史，系统就无法捕捉到数据，所以美国人毕业后第一件事就是去申请一张信用卡，好好积累信用历史。第三个维度：履约能力。违约率取决于履约意愿和履约能力，在履约意愿相同的情况下，履约能力越强，财力越雄厚，信用就越好。工资年收入、职业、职级、纳税及公积金缴存情况等都可以反映履约能力。第四个维度：行为特征。月平均消费额、消费习惯、消费占比、公益行为等都是行为特征的体现，可以帮助评价信用。比如一些人购买的家庭用品占其总体购物的比例较高，那么他们可能是有家庭的，而且有家庭责任感，这与信用是相关的。第五个维度：人脉关系。这个维度与信用有一点联系，但不是强相关。部分有金钱往来的社交关系与信用是有一定关联度的，比如给父母寄钱、为子女付学费等，但关联度极低，因为信用是比较个体的，不太受周边朋友的信用影响。再如你可能有几个朋友特别讲义气，但就是爱借钱打麻将不还，这样的人你可能觉得他也是个不错的朋友，但是不会想借太多钱给他。但这些并不影响你个人的信用。在芝麻信用的模型中，人际关系在整个信用评估的占比只有5%。

第三，正当性原则。用户授权后，输出数据要“脱敏”，并确保用户有顺畅的渠道监督数据质量，确保流程正当，数据脱敏是为了保证客户的个人隐私。芝麻信用与电信运营商合作，只需要获取用户话费金额即可，而不需要详细账单。

此外，数据本身的质量也是非常重要的。如果采集的数据质量不好，模型可能就会变得很脏，而且不太稳定。

（四）信用评估思路及算法创新

大数据信用评估将传统因果判断变为相关性判断，大大扩展了可评分人群。传统征信机构的逻辑主要是基于信贷历史的因果逻辑，因为你过去信用良好，所以我预测你未来的信用也比较好；因为你过去有违约行为，所以我预测你未来的信用也不太好。而大数据风控是根据千万级的信贷数据所做出的评估模型来加以评估，以芝麻信用为例，70%的评分客户并没有借贷历史，为什么大家还觉得这个评分用起来非常好呢？因为芝麻信用是基于相关性逻辑，比如我们会分析各类信用好的人群特点是什么，然后再比对，如果一位用户和信用好的一类人特征相似，就可以判断其信用也是比较好的。

在传统评分模型算法之上叠加深度学习、神经网络的算法，会为信用评估带来增益。但很多人对当前的人工智能技术过分神化，认为有人工智能的模型就特别厉害，这是一个误区。科学家发现，增益其实只有 2%～3%，不过在金融风险判断的领域，哪怕只是 2%～3% 的增益，也是非常有效果的。如果整个社会的坏账率降低 2%～3%，其带来的绝对收益是非常高的。

（五）信用洞察之客群细分和特征举例

1. 信用洞察之客群细分

客群细分所应用的分群调整技术需要考虑两方面：其一，相同特征在不同人群里呈现不同的风险趋势；其二，不分群会导致一些特征的风险区分能力差，甚至对某些人群是反向关联的。如图 9－7 所示，高档商品的消费者在不分群的时候，消费档次越高，风险越低，但是把学生跟非学生进行区分之后，所得出的消费档次与风险的关系就变得比较正常。所以每一个不同的客群，其特点和变量的相关性，都需要通过模型不断调整，再加上专家的判断，才能得到真正符合事实的逻辑。

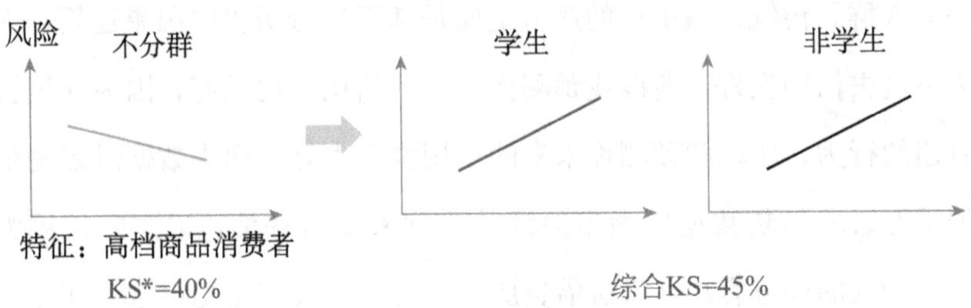

图 9－7　信用洞察之客群细分

＊KS，Kolmogorov-Smirnov，是检验单一样本是否服从某一预先假设的特定分布的方法，常用来衡量模型辨别能力，数值越大，模型越可靠。

2. 信用洞察之特征举例

下面针对信用洞察的特征分析举两个例子。

其一，信息稳定性。研究表明，一个人的信息越稳定，反映这个人在该方面信息的积累越多，放弃或者改变这个信息的成本就越高，这样，因为履约出现问题而放弃这个信息的成本也就越高。举个例子，虽然某用户没有经常贷款，但是他的手机号码长时间未更改，并且住宅地址比较稳定，说明其稳定性较强，逾期率相对较低。从感性认识上来看，一个人如果总是信用不好，要违约的话，就会频繁更换手机号码。再比如阿里通信推出的阿里小号，它可以不需要SIM卡而在同一个手机上同时拥有多个手机号，通过分析发现，很多使用阿里小号的人可能就是为了欺诈，所以用小号的群体欺诈的概率就远远高于正常电信运营商的实名账户。

其二，通过地址关联和写字楼档次判断用户职业信息。比如，用户在淘宝上购物需要填写邮寄地址，如果填写的是办公室的地址，那么办公室平均租金、在这个城市的档次、物业管理费以及建筑的年代等，在某种意义上，跟用户的履约能力是相关的。再比如，中午吃饭AA付款，每顿平均15元与平均50元所体现的经济能力是不同的。把这些信息交叉比对以后，就发现它们与信用很相关。

（六）小结

总结一下，技术创新到底给数据风控行业带来了怎样的改变呢？第一，大数据的应用降低了数据采集和存储的成本，高效的数据挖掘能力使得我们可以从数据里发现规律。第二，技术创新在数据风控行业的应用为普惠金融的进一步发展奠定了基础，能够比传统征信覆盖更多人群，评价维度也更加广泛。第三，数据风控产品的应用场景大大扩展。第四，用户可以实时反馈。如果用户对服务不满意，可以告诉商家。第五，用户授权允许采集相关信息的过程更加快捷。过去用户需要跑到营业厅去签署授权书，现在则可以通过手机在确认本人身份的情况下实时授权。第六，用户拥有异议权。如果用户认为数据出现问题，可以与数据风控服务商沟通更正。基于移动互联网，服务商与用户可以达成良好的沟通和服务平台。

四、芝麻信用的实践

芝麻信用是蚂蚁金服旗下独立的第三方基于数据和技术的风险评估和风险管理咨询服务机构，以开放和创新的方式与其他伙伴展开合作与共创，在合法合规的前提下，科学、客观、公正地评价信息主体的信用水平，通过输出各种标准化和定制化的身份识别、反欺诈、信用风险识别与跟踪等产品和服务，赋能合作伙伴，一起推动中国诚信文化的传播和诚信体系的构建，最终为用户创造价值。

芝麻信用的工作重点有三方面。第一，致力于信用洞察，专注于经济信用评估管理；第二，拓展信用场景，提升各类信用服务体验；第三，传播信用文化，助力社会诚信体系建设，比如通过六六信用日、信用体验节等让每个人知道积累信用的重要性。

芝麻信用的业务运营模式非常简单，专注于经济信用评价和预测。就消费者而言，芝麻为用户提供信用评价，使其在各种场合使用各种服务的时候，可以积累信用。就机构而言，芝麻可以提供给机构其用户的信用洞察和行业解决方案，助力提升风险管理效率，对于信用很差的用户可以拒绝服务。在每个机构和芝麻信用的用户之间，芝麻信用可以在机构提供服务的时候，提供“信用＋”服务。如图 9－8 所示。

芝麻信用的应用场景渗透到生活的方方面面。金融方面，风控技术在各种场景的应用提升了金融渗透率；生活方面，解决了商户与

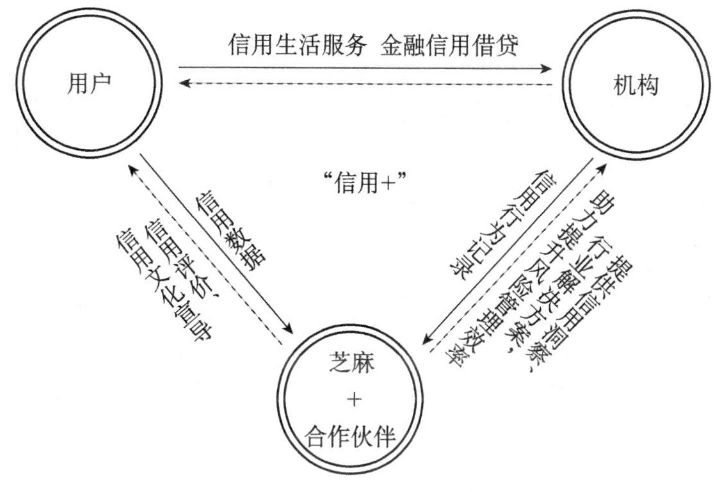

图 9-8　芝麻信用运营模式

人、人与人之间的信任问题。下面举几个例子说明芝麻信用在各场景的应用。

（一）信用+金融

图 9-9 为金融机构使用芝麻信用的流程。客户提出申请后，进行银行内部与芝麻信用的反欺诈流程，如果没有通过反欺诈审核，就会直接被拒。如果通过反欺诈审核，需要确认该用户是否在央行、公安的历史黑名单和芝麻风险名单中出现过，如果没有出现过，就可以进一步调用芝麻信用评分，结合银行申请的评分，然后审批、核实，最后通过或拒绝客户。

（二）信用+租车/住宿

在租车或住宿的场景下，最主要的是免担保或免押金的极速体验。提供免押金服务的门槛由商家决定，风险也由商家承担，芝麻信用主要是帮助商家更好地识别客户风险，提升用户体验。2016 年芝麻信用跟永安自行车合作，到 2016 年 6 月，有 3 000 万人次使用了永安

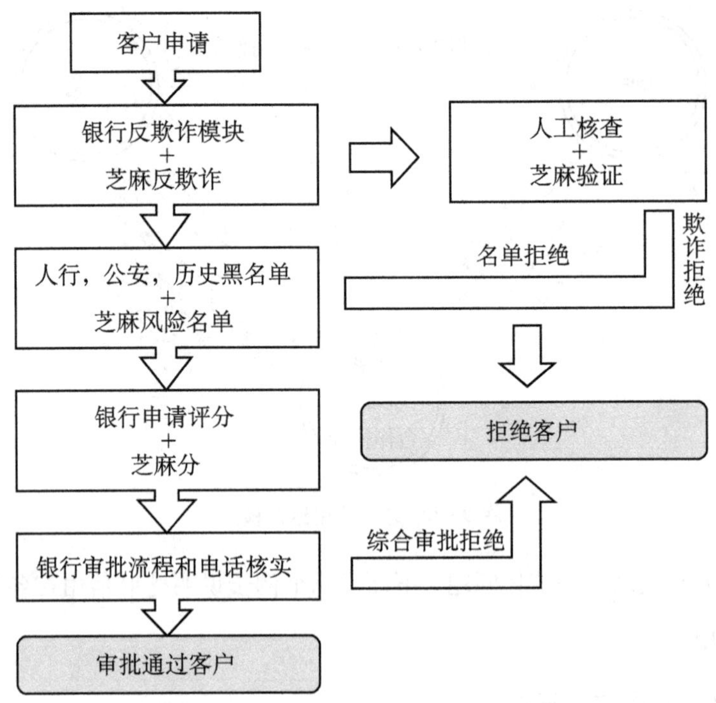

图9-9 金融机构的芝麻信用使用流程

的芝麻信用免押金租车，坏账率只有百万分之一点几，只有40辆单车由于各种原因没有找回来。还有租房，很多年轻人来北京、上海、深圳这些大城市都面临着租房的问题。在住宿行业，我爱我家、链家等旗下的出租公司都与芝麻合作，如果芝麻信用达到700分或者750分，用户可以享受一定的押金减免服务。

（三）信用+医疗

先诊疗后付费的服务特别受老百姓欢迎。大家都知道去医院看病的流程非常复杂，挂号、排队、付款，见到医生开了化验单后，还要排队、交费，化验以后还要再排队、开药方，然后再排队、交费。在医院，至少有三个流程是需要排队和缴费的。现在，很多医院都开始跟芝麻信用合作，用户在支付宝的服务窗里面就可以使用刚才提到的服务，而且不需要提前付费，等所有流程结束之后，生成账单，直接在网上代扣费用。

图9-10展示了各个行业里，芝麻信用的评分和违约率的关系，可见随着分数的提升，违约率的下降是非常明显的。

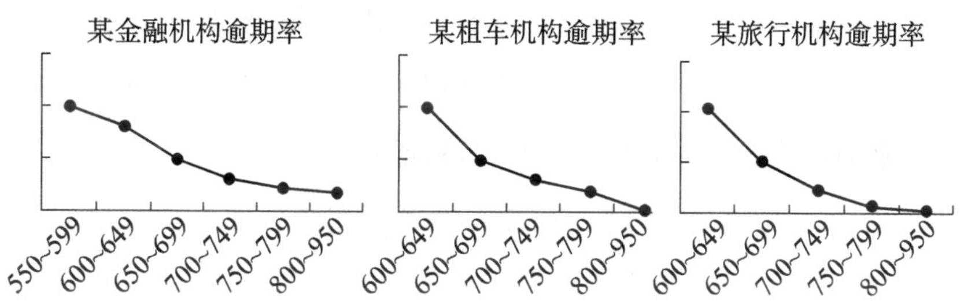

图9-10　各行业芝麻信用评分与违约率关系

为了更好地保障用户隐私和信息安全，芝麻信用采取了九大环节（见图9-11）。在所有基于数据和技术的风险评估和风险管理咨询服务机构里，芝麻信用是第一家也是目前唯一一家申请了全球信息安全体系ISO/IEC 27001：2013认证证书的机构。

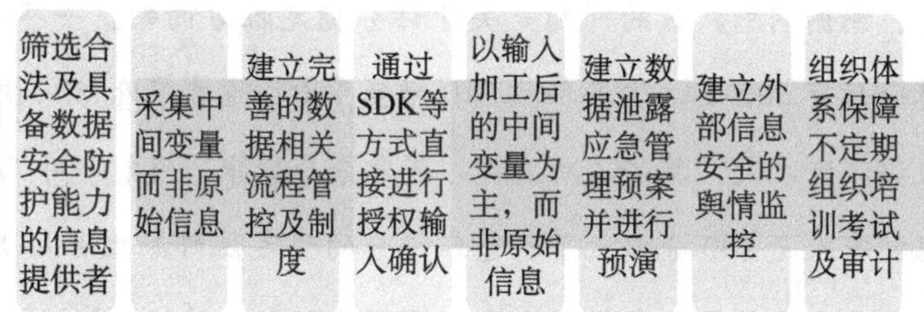

图9-11　芝麻信用保障用户隐私和信息安全的九大环节

五、行业发展思考与建议

最后，从行业发展的角度提一些建议。

第一，数据孤岛亟须打破，公共数据价值亟须挖掘。数据被各个机构分散掌握对于征信的发展是非常不利的，尤其是政府的公共数据，比如各地的人社厅、税务局、公积金中心之间的数据没有打通，我们就需要与这些机构一家一家合作，效率非常低。此外，整个市场的数据源分布散乱、数据质量参差不齐、数据标准缺失，在这样的情况下，每个企业只能制定自己的标准，这就使得未来整合的时候会很困难。希望监管部门能够出台一套数据标准，同时推动公共数据的开放，从而让数据流动起来，充分发挥数据的价值。

第二，个人信息保护有待加强，信用应用场景有待拓展。目前一些商业数据公司游走在灰色地带，个人信息保护的法律法规也不是很健全，建议加快立法立规，保护个人信息，并且尽快明朗相关政策，助力市场发展。此外，目前信用应用场景有限，信用氛围淡薄，希望能不断拓展场景，助推信用文化的培育。

交流与问答

提问：谢谢胡总，我的问题是关于评分稳定性方面的。一年前，我的芝麻分只有 600 多，这半年从 710 增至 760，随着芝麻信用快速发展，数据不断扩大，算法不断演进，芝麻分会膨胀，可能半年后这个教室里就有人是 800 分以上了，芝麻评分的稳定性好像比 FICO 分差了一点，您和您的团队怎样解决这个问题呢？

胡滔：这个问题很专业，关于芝麻分是否存在膨胀的问题。芝麻的合作伙伴现在超过 1 000 家，用户在这 1 000 多家合作伙伴的相关数据信息都会影响信用评分，正面的信息可以积累信用，负面的也会同步。作为独立的、面向公众的评分，芝麻分的相对稳定性很重要。

因为刚才也提到，芝麻推出这个分数以后，一直致力于吸取更多外部数据以便更好地了解客户，所以现阶段许多用户长分比较快或者增长幅度比较大，这是一个从不了解到了解的过程。一旦芝麻信用对用户比较了解之后，这个分数的积累就会慢下来。我们评价稳定性，不会看某一个人分数长了多少，而是看整体开通服务的各分数段分布人群的违约率是否稳定，比如 700～750 这个分数段人群在所有场景的违约率是不是相对稳定。在 FICO 大概 36 年的历史中，它的模型升级了八九次，为什么要调整模型呢？信用评分其实是概率，追求的是那个概率的正态分布的稳定性，当违约率和分数段的分布发生大幅偏移的时候，就需要给所有人重新打分。我觉得未来芝麻也会面临这样的调整，但是现在还不是太大的问题，因为绝大部分客户分数变化的原因就是两个：一个是资料的补充使我们更了解他；另一个是违约信息使分数下降，更多正面信息使分数上涨。目前我们暂时还不需要做模型的大幅调整，从芝麻近 2 亿的用户分布来看，还是非常均匀和稳定的。

提问：关于应用场景，最初芝麻分的隐私度非常高，要申请才能互相查看。但是最近支付宝的“到位”平台直接把每个人的头像和芝麻分一起打在了地图上，我想问的是，芝麻分在整个阿里生态体系中的定位是相对靠后，服务于其他的产品，还是比较靠前来引流的呢？

胡滔：以前芝麻分是隐性的，大家互相查看分数需要申请，而现在用户进入“到位”后变成显性的，这是因为场景的差异。很多人会在百合网、世纪佳缘等网站晒出芝麻分，为什么？因为在不同场景里，大家的想法、心态是不一样的。在支付宝的朋友圈里，是否公布芝麻分是用户的权利；但“到位”是一个C2C提供服务的互动平台，提供服务的用户希望接受服务的人信用不要太差，同样享受服务的人也不希望提供服务的人信用太差。在这样的前提下，如果在这里提供C2C服务或发布需求，就必须要把芝麻分亮出来，用户可以选择不亮分，那就无法享受这个平台的服务。所以这与芝麻在蚂蚁的定位靠前靠后是没有关系的，只是给用户多一个选择，用户可以选择把芝麻分亮出来，也可以选择不亮。

提问：从人性的角度来看，如果给每个人的信用都打了分数，对于分数较低的人会不会造成一种歧视呢？他可能确实本来家庭条件就不是太好。

胡滔：问得很好，我觉得这种担心是很正常的。大家有没有看过BBC的连续剧《黑镜》，其中有部分讲的就是社交评分对人们生活的影响，获得高评分就受到人们的尊重，而低评分则会被排挤。女主角为了搬到心仪的公寓，开始挖空心思提高分数。大家对低分确实有一种恐惧，当所有东西都与分数关联的时候，怎样才能让自己长分达到那个阶层呢？

芝麻之前有个标语叫“点滴珍贵，重在积累”，我们非常喜欢，业务也在按这个方向发展。芝麻现在跟杭州公交、地铁在谈一个合作，就是乘坐公交、地铁的时候，乘客可以通过芝麻信用不买票直接刷二维码先进去，下车的时候也不一定要扣钱，之后网上集中批量扣款。当时我们就在讨论，信用分的起点到底是多少，600分还是650分？好像都不太合适。因为坐公交是每个人的权利，所以后来我们跟公交公司商量，在这种场景下，只要是实名用户就可以先坐公交再付款，哪怕评分只有500分。这不是高分信用的特权，而是每个人应该平等享受的权利，是积累信用的过程。我们希望通过这种方式建立一个信用积累的体系，而不仅仅是一个高分才能够享受特权的体系。而且如果中国的金融体系能够更加市场化，这个体系将会不断向前演进。现在几乎所有银行的信用卡客户都是信用好的客户，但是一些互联网金融公司就可以选择没有信用历史的年轻人，因为这样可以培养他们的信用，初期利率会高一些，如果持续有良好的信用，利率就可以降下来。所以这些都是随着整体金融体系不断改革和完善逐步实现的，不会出现经济信用很难提高的情况。

（整理：刘子琪）

第 10 讲

DIGITAL FINANCE

征信体系与大数据的发展

2016 年 9 月 23 日

杨子君

杨子君，毕业于清华大学，获得美国南加州大学的 EE（电气工程）博士学位，曾在美国三大征信巨头之一 Experian 担任首席科学家。回国后创建了瑞天欣实数据公司，在国内从事大数据征信方面的创业，为国内的银行等金融机构以及数字金融企业提供征信、数据分析和风控方面的咨询及整体解决方案。

一、引子——信用与经济周期

提起信用，很多人会想到美国发达而先进的信用体系。相比之下，中国信用体系尚未成型，存在各种各样的风险和诈骗行为。实际上，通过了解美国信用的发展历程，可以发现信用不是自然形成的。

20 世纪六七十年代，美国曾经有个阶段出现信用卡空投的现象——只要是银行的客户，无须申请和审批，就可以收到直接寄到门口的信用卡，第二天无须做任何申请或者验证，就可以直接刷卡使用。然而，这造成了一个问题：信用卡过于便利和随意的使用造成了各种各样的信用卡风险和信用欺诈，当信用卡被那些无家可归甚至是有吸毒倾向和有债务管理问题等极高风险的人群拿到时，就会出现因信用卡欺诈和信用风险带来的一系列债务问题。早期主要投放这种信用卡的美洲银行（Bank of America）因此产生了高达 25％的坏账

（远远高于预期的 4%），从而造成巨大损失。[①] 这种做法带来了很大的金融混乱，1970 年美国消费者金融保护局（CFPB）颁布了第一个信用卡管理规范将其明确禁止，从而催生了美国当时的各种信用法，其中之一就是，规定此类信用卡只能发送信用卡的邀请，不能够寄送可直接刷卡使用的信用卡，用户如果接受信用卡的邀请，想要使用信用卡，就必须先通过信用审批的环节，经批准后还需要进行主动发起的开卡行为。

但是，截至 1970 年，CFPB 颁布第一个信用卡管理规范的时候，美国已经寄出了超过 1 亿张信用卡，几乎平均每个消费者都收到了至少 1 张这样的信用卡。从那时开始，征信引起了很多金融机构和社会各界的关注。80—90 年代，CFPB 经过多次修订，基本形成了涵盖信用卡和贷款等主要债务的营销授信和债务管理方方面面的法案，于 2009 年形成更加全面保护消费者权益和避免过度负债的信用卡法案，简称 CARD Act[②]。

紧随着美国 2007 年中期的房屋泡沫破灭而来的，是房市暴跌和房屋次贷危机，美国经济进入严重的衰退（Great Recession），权威机构国民经济研究局（NBER）将经济大衰退定义在 2007 年 12 月开始，于 2009 年 6 月结束。2010 年美国经济逐步复苏之后，人们的消费行为发生很大变化，于 2009 年签署的 CARD Act 也于 2010 年 2 月开始实施，要求银行等金融机构执行更加严格的信用卡和贷款方案。

相比之下，中国的信用卡起步比美国晚了将近 30 年，但随着经

---

① Joseph Nocera，*A Piece of the Action：How The Middle Class Joined the Money Class*（New York：Simon & Schuster，1995），23.

② 全称为 Credit Card Accountability Responsibility and Disclosure Act。

济的高速发展，信用卡和相关的零售信贷业务发展非常迅速。2002年开始有真正可以透支的信用卡；2006年很多银行开始发放纯信用贷款，尤其是针对小微企业的贷款；2010年，消费金融开始引起广泛关注，各种持牌和非持牌的消费金融公司应运而生。2012年，中国开始进入数字金融时代，互联网金融和金融科技等以各种形态出现，这也从多方面反映了中国金融市场上信贷需求激增的情况。

那么信用与法律法规、经济周期和数字化时代之间到底有怎样的关系呢？这里就法律法规方面作进一步论述。在金融危机发生之前，2005年颁布和执行的《美国破产法》修订案——《破产滥用保护和消费者保护法案》[①]，大大提高了破产的难度。美国的破产法历史悠久，早在1801年美国宪法就授权国会制定和颁布了第一部联邦破产法，《美国破产法》通常是指1978年颁布的这部法案：Title 11 of the United States Code。《美国破产法》主要是为了给没有正确建立起信用或者失去信用的消费者第二次建立信用的机会，当有大量债务无法偿还的时候，可以通过申请法律允许范围内的破产，从部分债务到所有债务一笔勾销的方式来重新建立信用。2005年颁布的《美国破产法》修订案《破产滥用保护和消费者保护法案》，对于破产门槛有较大的提高，那么这个方案对于消费者和信用市场造成了怎样的影响？

从图10-1可以看出，在2005年破产法修订案刚出台但未正式执行之前，出现大量破产案例，因为这个时候如果不申请破产，以后申请就会更难。所以，破产法修订案的实施在短时间内加剧了银行等金融机构的违约率，而在调整期过后，破产门槛的提高则从整体上提

① 即Bankruptcy Abuse Prevention and Consumer Protection Act of 2005 (BAPCPA)。

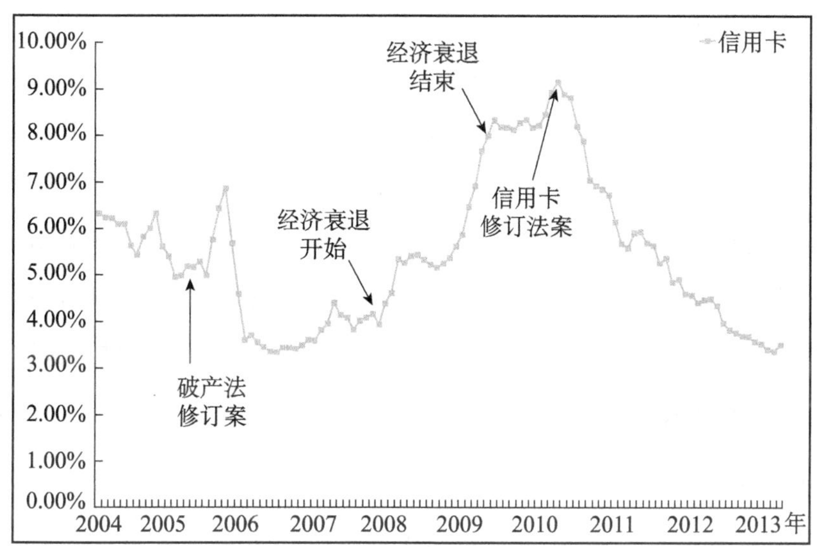

图 10-1　信用卡风险指数

高了消费者的信用意识，从而使得整体的信用状况从长期看有所提升。

下面我们阐述经济周期对于信用的影响。美国国民经济研究局将经济大衰退定义在 2007 年 12 月开始，但是从图 10-1 来看，信用卡风险指数对于经济大衰退的表现并不是很敏感。我们对比这次的经济衰退和上一次即 20 世纪 90 年代的金融危机可以发现，90 年代的那次金融危机中信用卡业务受到比较严重的创伤，而房地产市场的信用风险却没有显著的变化。这是因为当时的金融危机基本上是由高失业率带来的经济衰退造成的，当人们没有工作的时候，会先从日常的消费和经营里面收缩开支，比如信用卡的账单，而当时的房市因为没有受到影响，人们基本会正常偿还房贷债务。

前面提到，2008—2009 年的金融危机主要是由房地产市场泡沫造成的，而当大部分消费者仍有正常工作并保持一定偿还能力的时候，以消费和经营行为为主的信用卡债务仍然能够得以偿还，所以体现在信用卡风险的上升方面不是非常显著。

与信用卡和信用贷款风险指数有很大不同的是，美国的房贷风险指数（与信用风险指数使用相同的违约、逾期指标）与信用卡风险的表现差异甚大。如图10－2所示，2005年破产法修订案对于房贷信用风险的影响不大，因为申请破产影响的主要是信用贷款，大部分消费者在房屋价值没有大幅缩水的情况下不会提出抵押贷款的破产保护，所以没有造成太大影响。

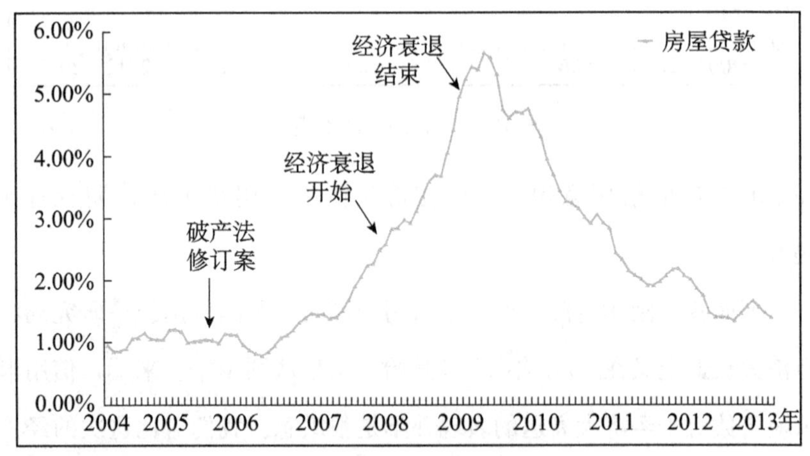

图10－2　房贷风险指数

从2006年开始，由于美国房市价值大幅缩水，很多房屋贷款的余额比房屋的净值要高很多，使得有偿还能力的消费者大大失去了偿还的意愿，进而造成次贷危机和信用危机，因此，如图10－2所示，2009年金融危机之前，美国的各类房贷的违约风险持续高速攀升，一直到2010年经济衰退结束时达到顶峰后才开始逐渐下降。

值得注意的是，2010年经济衰退结束带来的信用风险降低，其实并非完全是市场调节后的自然下降，而是很多监管措施执行后带来的综合效果。在经济衰退初期的 2008 年，美国加州洛杉矶最大的储蓄和贷款金融机构，也是美国第七大房贷机构 Indy Mac 银行，和以房贷资产证券化为主的美国第四大投资银行 Lehman Brothers，相继申请破产。美国因而采取了一系列救市措施，例如著名的金融系统救市方案，即 Emergency Economic Stabilization Act of 2008，禁止 799 只金融股票的做空（short selling）行为，以及后续的 Wells Fargo 银行收购曾为全美资产规模第四大的 Wachovia 银行，也是为了避免 Wachovia 全面破产的政府强制的收购行为。

此外，在资产回收方面相关的监管政策也做了较大的改变。2008 年房贷市场情况迅速恶化，很多有偿还能力的人由于房价暴跌使得房屋净值为负而不愿意还款，从而构成战略违约行为，房贷的违约率从前期的信用次级贷款蔓延到信用良好的优级贷款。如果按照常规的房屋不良资产回收的方法，将使得一大批房屋在市场上拍卖，进而大大加速房价缩水。

2009 年，政府推出了 Making Home Affordable Program（MHA），其目的就是为了解决房市衰退和降低房贷违约率，这个计划主要包括两方面：一是可以修改房贷条款，比如降低本金，暂缓付款等，也就是 Home Affordable Modification Program（HAMP）；第二是其他的资产处置方式，也就是 Home Affordable Foreclosure Alternatives（HAFA）。

按照通常的资产处置，房贷连续拖欠三个月，银行就会逐出住户，而后将房屋出售。但在经济衰退期间，这导致一些信用良好但是资不抵债的消费者非常愤怒，当时出现了不少房主将房子毁掉、把水泥灌在下水道等使房屋无法再次出售的行为，这一系列的反常行为引起监管的高度重视，进而推出系列新政策。

随着 HAFA 的推行，如果无法偿还房贷，只要把房子维护好，就可以先免费居住最长两年的时间，银行帮住户一起出售房屋，这种行为称为短售（short sale）。得以短售的房贷长期拖欠，征信上对信用的损害只有两年，而正常信用卡逾期一个月未还对信用的损害则是七年。这样才遏制住了人们对于房价下跌的恐慌，大家愿意帮助银行慢慢处理这种资产，房价才开始慢慢回升。

因此，信用状况不仅会影响经济周期，经济周期和经济政策也可以影响信用的变化。然而以上的所有分析都离不开大数据、离不开征信，感兴趣的同学可以做进一步研究。

二、中美信用数据结构

上面提到，美国有三大征信公司——Experian、Equifax 和 Trans Union，这三大征信公司也是面向全球服务的，有着完整的信用数据架构，这个数据架构在不同的国家和地区是一致的，只不过数据在质量、深度和广度方面会有所差异。

一个完整的征信数据架构需要涵盖不同的方面，上述三家公司的架构体系和数据都较为完整，其信用数据来源于四方面（见图 10－3）。

第一是个人和企业在传统意义上的信用报告数据，也就是个人和企业的债务数据，是信用局的数据核心。个人的债务主要由个人向银行等各金融机构的借款构成；中小企业除了可以从银行贷款，还可以从交易的上下游企业也就是通过产业链融资的方式获得资金。

第二是偿还能力的数据。如果债务是衡量信用的维度之一，那么

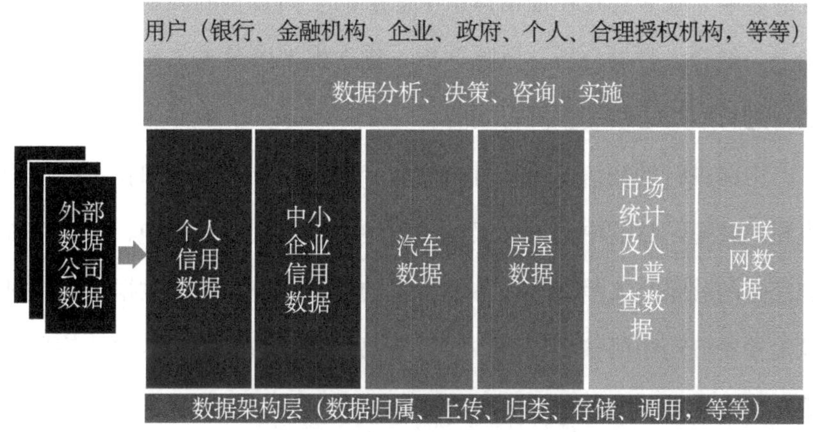

图 10－3　美国征信公司大数据架构

能否偿还债务就是另一重要的维度。偿还能力在很多情况下取决于个人或企业资产的多少、现金流的状况以及挣钱的能力，资产通常包括动产和不动产。

第三是市场统计数据和人口普查数据。美国最重要的统计数据来源之一是人口普查局，美国宪法规定每十年做一次全面的、扫街式的人口普查，每年还要抽查，对数据进行更新。

第四是互联网数据，来自一些新的交易渠道，也是银行体系之外的行为数据，比如消费行为、旅行状况、社交数据等。

征信公司就在这样的数据架构基础上，通过不断对海量数据进行清理、整合、处理和汇总，进一步进行数据决策、分析、建模、咨询和实施，为银行等金融机构、金融监管机构、评级公司、政府、各类企业、互联网公司以及小微企业主和消费者提供综合的信用服务。可以说，征信数据的分析使用是在搭建数据和用户之间的桥梁，基于数据架构和征信体系来提供以风控为核心的服务，上面提到的美国信用体系对经济周期和监管法规的影响、经济周期和监管法规对于信用状况的影响，很多都是在征信体系中底层的全面真实的微观信贷数据基础上，结合大数据分析、风险剖析、建立模型以及人工智能的预测算法，进行宏观总结和预测得到的。

中国央行的征信体系相对国外起步较晚，数据采集和积累的历史也相对较短，目前中国人民银行征信中心采集到的数据中，比较全面和完整的就是个人消费者在各银行里的贷款情况，这些数据是信用和风险控制应用中的核心数据，如何有效、高效并且持续迭代地使用它们，是非常重要的。

需要指出的是，虽然央行的征信起步较晚，积累时间较短，但由于中国经济的高速发展快速带动了消费和信贷需求，根据《中国征信业发展报告（2003—2013）》，中国消费者中有央行征信记录的人群每年以 10％～20％的速度递增。而在征信人群中，有房贷记录的人群增长速度比这还要快很多。这些数据表明，中国市场个人消费者的征信状况会急剧变化，从无征信到少征信、从少征信到丰富征信的过程会加快，整体消费者的信用状况也日新月异。

中小企业的数据在央行相对薄弱，这导致了中小企业贷款难的问题。中小企业的相关数据散落在政府各个不同的机构，比如工商、税务、法院、质检、水电等部门，在短时间内数据难以高效地整合和汇总，从产业链的角度看，形成数据的合力就更有难度了。

此外，央行的征信系统对外部数据源的开放程度也显得有些不足。国外的征信公司对外部数据源的开放程度相对来说很高，而中国央行通常只是对接政府官方数据源，不对接非政府的外部数据源和其他的横向数据源，这就给征信和金融机构的风控带来比较大的难度和挑战，同时也可能为商业机构带来更多的机会和未来的市场空间。

再看一下中国民间非官方的商业化征信机构。民间征信机构很难从官方渠道拿到个人和企业在银行的数据，只能拿到互联网金融公司等非银行类机构的信用数据。汽车和房屋数据大部分由政府掌握，而且央行的个人和企业信用数据目前还不对民间征信机构开放，只开放给持牌的银行等金融机构，这也是个比较大的挑战。民间机构愿意接受外部数据公司的数据，但困难在于外部数据源之间竞争较多，彼此之间不太愿意分享，因此很难完全整合。如图 10－4 所示。

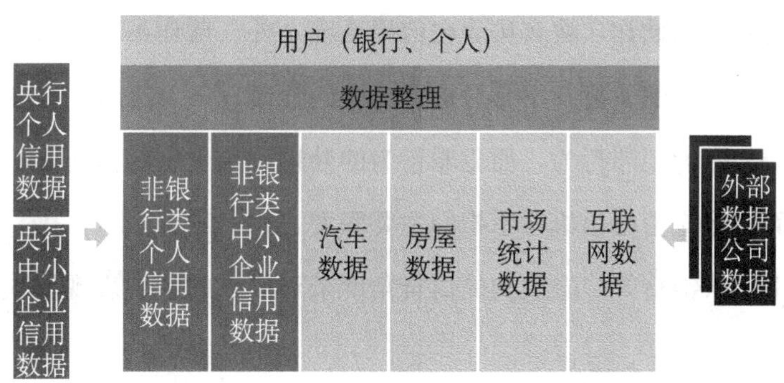

图 10－4　中国民间征信数据架构

三、征信与信用

（一）征信的本质

在美国征信行业，比较通俗的一句话是，信用的核心本质是信用价值（credit worthiness），可以狭义地理解为美元（dollar），信用需要转换成可衡量的美元，这也就是信用和价值之间的转换关系。征信的本质是帮助广大消费者和中小企业建立信用、评估信用、管理信用并将信用转换为价值，与此同时，为银行等金融机构提供信用的准确评估，从而帮助银行有效经营风险，达到短期和长期的盈利目标。

征信机构的职责是采集相关信用数据，在数据的基础上对信用进行评价，将信用转化为美元。征信机构在一些国家被称为 Credit Reporting Agency，Credit Reference Agency，Credit Information Company，等等。中国人民银行征信中心的英文名称就是 Credit Reference Center。

（二）征信的目的

征信机构的主要服务对象是银行等金融机构的信贷服务，在信贷服务上，首先需要防范和杜绝的是欺诈行为。从征信机构的视角来看，需要甄别欺诈，将其排除在信用系统之外。欺诈虽然带来很大的损失，但欺诈的防范并不是对信用风险的控制。通常来说，金融上的欺诈会归类为犯罪行为，而犯罪行为的处理理论上应该由司法机关处理，而不是应由征信机构承担的主要职责。

下面从银行等金融机构的信贷角度来对欺诈的主要表现形式进行论述。

第一类欺诈是第三方欺诈（Third Party Fraud）。这一类欺诈是在主体不知情的情况下盗用身份后进行金融行为所产生的欺诈，其主要成因为犯罪团伙或个体利用互联网和系统的漏洞，冒充他人身份、盗用他人信息申请贷款等金融服务。这种欺诈在互联网银行的纯线上操作出现的概率很高。最常见的第三方欺诈是犯罪分子通过利用别人的身份信息去银行申请信用卡，并且大量提现或者刷卡，当这种情况发生时，如果受害者能够证明这是非本人的申请行为，根据很多国家的消费者法律保护方案，可以不对这些债务负责，这样就给银行带来了损失。

征信公司并不能完全防止这种欺诈，其提供的服务主要是通过识别金融行为的异常性和关联性、通过人工智能和机器学习的方法，对欺诈的模式进行甄别和预测，通过提醒银行和受害当事人来防范欺诈。征信机构的主要职责是为银行等金融机构避免欺诈带来的损失，同时通知受害者并保护受害者的信用权益。

由于征信公司的职责是对消费者提供客观全面的综合信用评估，而信用评估的基础是征信数据，征信公司要对征信数据的真实度和透明度负责。第三方欺诈会造成消费者对于征信数据的争议，作为第三方欺诈的受害者会对征信公司就征信报告的正确性和信用评估的准确性提出异议，征信公司有责任和义务进行回应，并且尽最大可能来保障征信数据的正确性和信用评估的准确性。

第二类欺诈是第一方欺诈（First Party Fraud）。第一方欺诈是利用信息孤岛的不对称性，用真实的身份得到金钱的支持或者贷款，但是这类人在申请信贷的时候并没有还款意愿，也就是属于恶意骗贷的欺诈性行为。对于这类欺诈行为的防范，征信公司要不断地监控和识别消费者的信贷行为，在大量的用户数据中不断分析和及时识别用户的非正常信用风险之外的反常行为，通过及时、全面地整合不同数据源的信息，结合机器学习和数据建模的方法，才能达到事后的监督和事前的防范。

第三类是行业和专业欺诈（Professional Fraud）。这一类欺诈通常是专业机构或者从业人员利用内部操作流程的漏洞进行内外勾结的欺诈骗贷，通常和银行等金融机构的内部操作风险有关。征信机构对这种欺诈除了在消费者和贷款的层面及时、全面地整合信息以外，还会辅助银行等金融机构改进操作流程，降低操作风险，更重要的是，还会建立行业规范体系和从业人员的专业信用体系，从事先防范到事后监督来全面防范欺诈。

第四类是交易欺诈（Transactional Fraud）。交易欺诈中最常见的就是信用卡的交易欺诈，常见的形式为专业的犯罪团伙从各种渠道上对用户的贷记卡或借记卡进行非法的信息截取，包括个人信息和信用卡信息，通过这些信息，在不同的区域和地点进行信用卡交易和套现，这种欺诈手段通常是利用金融专业知识以及互联网和系统的漏洞。征信机构通常不对这一类欺诈行为进行直接管理，因为交易欺诈和个人信用的关系不大。交易欺诈防范的解决方案主要依赖于金融数据应用方面的商业公司。

由于中国的个人信贷需求在短时间内出现了高速增长，除了传统银行，很多金融机构、类金融机构和互联网公司都相继推出很多类型的信贷服务。在信贷风控流程还不够完善的情况下，随着高速增长的放贷量，各类信贷欺诈行为也迅速出现。目前，很大比例的商业化征信机构和数据公司提供的更多是反欺诈服务，甚至有不少机构认为反欺诈就是征信和信用风险防控，这样的认知是有很大片面性的。

试想，在我们基本防范了上述欺诈行为之后，银行就可以放心地放贷了吗？事实上完全不是这样，根据我们前面提到的对信用风险、经济周期和监管法规的分析，在完全没有欺诈行为的情况下依然存在包括信用风险在内的各种风险，银行等金融机构对信贷风险的控制在欺诈防范之后才刚刚开始。

在银行的风控体系中，风险是多种多样的，就信贷的风险来说，通常将其分为下面四大类别来进行管理和控制。

首先是信用风险，在征信领域中信用体现的是一个人的还款意愿，是和品性相关的。信用的直接表现形式是一个人的授信状况、用信状况和偿还债务的历史状况，在同样的贷款产品上，不同人的偿还意愿——信用风险——是不同的，而同一个人的偿还意愿和信用风险在不同金融产品、不同阶段、不同时间也有不同的表现。金融机构和征信机构如何建立信用体系、长期有效地甄别信用风险，才是征信的核心职能。真正的信用风险（credit risk）不叫欺诈（fraud），因为欺诈和风险是不同的。以股票投资为例，即使发行股票的公司没有欺骗行为，也会有赔钱的风险，这是最难管控的。再比如，对于一些 P2P 公司，如果使用了假标的，那就是欺诈；而如果使用了真标的，能不能赚钱就是风险。

这种信用风险，才真正体现出信用的价值。信用风险形成的最核心的原因是信用主体缺乏债务的管理能力，其以往的信用历史、借款行为及相应的还款历史与信用风险都具有强相关性，在衡量信用风险方面，信用模型、评分卡和信用评级的方法被广泛应用，北美市场上著名的 FICO 和 Vantage 评分都是用来衡量个人的信用风险的工具。

其次是偿还能力风险。偿还能力风险的成因有两种，一种原因是收入能力的降低或者完全丧失，另一种是债务和支出的增加所导致的可支配收入能力的降低。举个例子，两人在同样的信用风险下，如果其中一人失业或者失去工作能力，经济条件变差，偿还能力降低，风险就会大大增加。在偿还能力风险的评估方面，对个人而言，收入能力、收入潜力、财产是核心因素；对企业而言，现金流状况、经营管理能力、盈利能力和行业状况都是重要因素。所以，工资、流水、税务、工商、经营数据等与偿还能力风险具有强相关性，也是评估这类风险的核心数据。但是很多与征信相关的法律通常规定征信公司除了债务信息之外，不能直接向用户采集存款数据、工资、流水等相关的数据，征信公司通常要结合其他的方法，比如通过和银行、政府机构在合规范围之内的数据合作来进行偿还能力风险的评判。

此外，在宏观的系统风险层面，征信对于预测和控制经济环境变动带来的系统风险也同样起到重要作用，这对于以消费者为主体的消费信贷资产带动的消费型经济，和以企业为主体的经营信贷资产带动的实体型经济的风险管理尤为关键。因为市场的消费信贷和经营信贷环节，与消费者和中小微企业有着密切关系，直接和真实地反映了这些经济主体的征信数据，包括贷款情况、贷款组成、杠杆率、偿还能力、资产的风险状况。这些数据以及它们之间的潜在关联与经济周期和经济风险有非常强的相关性，如负债是否和偿还能力匹配、债务是否和资产匹配、债务的发展是否和行业匹配、大量信贷资产所体现的风险发展趋势等。

征信机构通过与权威的风险评级机构合作，对底层海量的基础征信数据进行不同区域、不同周期、不同行业等方面的分析和挖掘，从而提供更加精准和客观的经济指数，这是征信机构在系统风险层面服务的核心，比如我在美国领导开发的由 Experian 和标准普尔合作的信用风险指数 S&P/Experian Consumer Default Indices、Equifax 和穆迪合作的经济指数，等等。在这个领域，征信机构通常作为支持机构参与，提供一手的微观数据，在数据基础上进行分析和挖掘，为宏观分析提供依据，支持宏观经济规律的研究。

四、征信和大数据

（一）征信的运营体系

征信和大数据是分不开的。征信机构从消费者和中小企业等经济主体获取债务、行为、资产等相关数据，通过数据分析、挖掘、建模，形成一系列的征信产品和数据服务，应用于各种各样的领域，如金融、通信、旅游、就业、政府和医疗保险等。与此同时，在生产和消费这些产品的过程中，经济主体又会产生更多的各类征信数据，随着数据的不断丰富，逐渐形成完整的征信闭环体系。如图 10－5 所示。

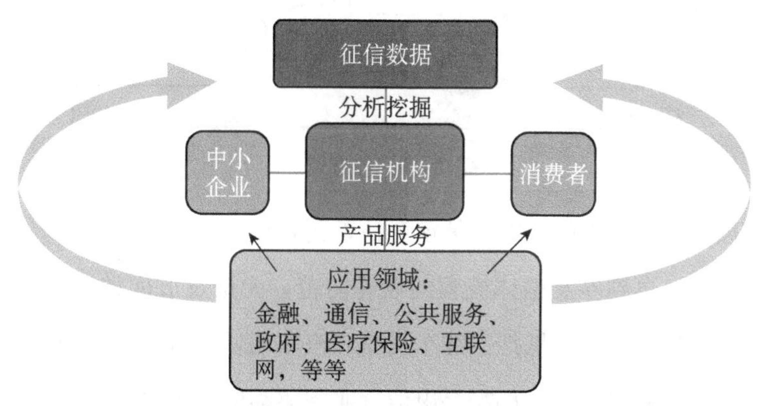

图 10－5　征信的运营体系

（二）业务驱动的风控体系与流程

征信机构可以为不同的领域提供多样化的服务，但其信用服务业务最核心的内容还是为银行等金融机构提供信贷业务的风控服务，也就是为银行等金融机构在给消费者或者中小企业发放贷款时，对于消费者或者中小企业这些贷款主体进行综合的信用风险评估，基于风险评估的结论，结合不同金融机构的特点，提供整体授信方案（哪一种贷款、额度、费率、还款方式、贷款期限、违约后的资产处置方式，等等）的决策。

下面就银行等金融机构核心业务之一——信贷业务来进一步论述征信产品和服务在银行中的应用。

一套完整的信贷流程需要很多环节（见图 10－6），从客户的营

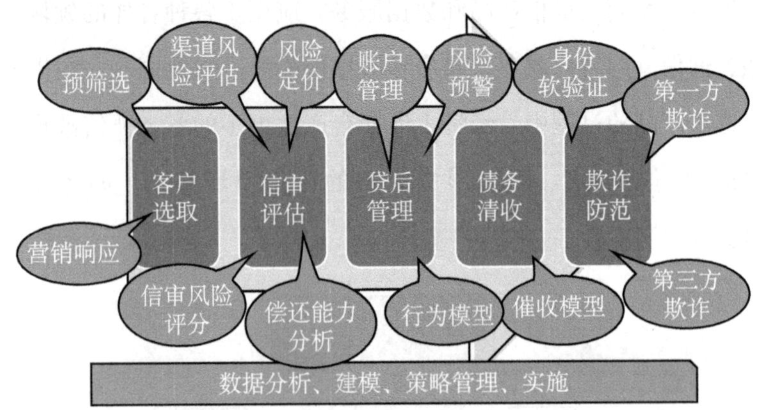

图10-6　信贷流程

销、风险预筛选中的选取、信审评估，到贷后管理、债务清收、资产回收处置，再到涉及整体流程的欺诈防范，无论发放何种信贷产品，比如住房按揭、房屋抵押、购车贷款和汽车租赁、汽车净值贷、信用贷款或者信用卡产品，都需要由信贷业务驱动的完整风控体系和信贷流程——面对什么样的顾客，按照怎样的优先级服务客户，在信用维度方面如何评价客户，如何结合偿还能力和抵押品的价值批准贷款，批准的贷款应该提供多少额度，结合怎样的还款方式和还款期限，等等；当客户出现逾期和违约行为时，如何做好差异化和精细化管理，并做好债务催收和资产处置的准备工作；在防范欺诈方面，如何和业务流程对接，在信贷的前、中、后端进行防控。

信贷的一整套流程需要匹配和完善的风控体系，根据每一个环节不同的风险点把控风险。随着以消费者为主体的消费信贷资产带动的消费型经济，和以企业为主体的经营信贷资产带动的实体型经济的高速发展，目前国内很多大型商业银行和有较强经营能力的城市商业银行，需要在提高规模、降低风险的同时大大提高信用审批的速度，这需要搭建全流程的大数据风控体系和自动审批决策体系，从多维度的角度评判和预测风险，并且综合多维度的审批策略，迅速对于单笔贷款做出高度自动化的决策，俗称“秒贷”。

在整个流程中，征信和风控服务是贯穿在每一个环节里的，客户的营销模型、风险评估、渠道风险分析、风险定价和信审策略等，都需要高度依赖征信体系和风控体系的建设。换言之，征信和风控体系是决定个人或企业能否拿到贷款以及拿到怎样的贷款的最为核心的环节。

五、征信大数据的相关性、边界效应和价值

在经济学领域，一个很著名的理论是“二八法则”。该理论认为，这个世界不是随机的，任何一组事物在进化的过程中都会遵循二八效应。这个定律被广泛应用在商业中，商学院常常讲，20%的用户带来了 80%的利润，所以资源应该偏向 20%的客户，而剩下的资源则由其他 80%的客户来平分。在数学里，二八法则体现的是遵从一定参数下的指数分布，此外，很多自然现象也呈现了类似的分布。

同样，这一理论在数据上也适用，即 20%的数据体现了 80%的价值。我们这里探讨的是征信大数据，我们多年的征信数据和服务的实践证明，征信大数据的价值也同样遵循二八法则。

我们总是在问，数据价值如何体现？有怎样的体现方式？这个问题是很有挑战性和难度的。首先数据本身不是固定不变的，而是动态的，那么数据的价值就一定具有动态性。以不同的应用场景举例，同样的数据在不同的应用场景下有不同的价值，而且数据的价值不是能够简单地体现的，而是要在不同场景的目标下，经过复杂的材料选择、精密的工艺流程和高度的提炼方法才能体现，也就是说，要通过很多复杂而精妙的数据算法与分析才能体现其价值。如图 10－7 所示。

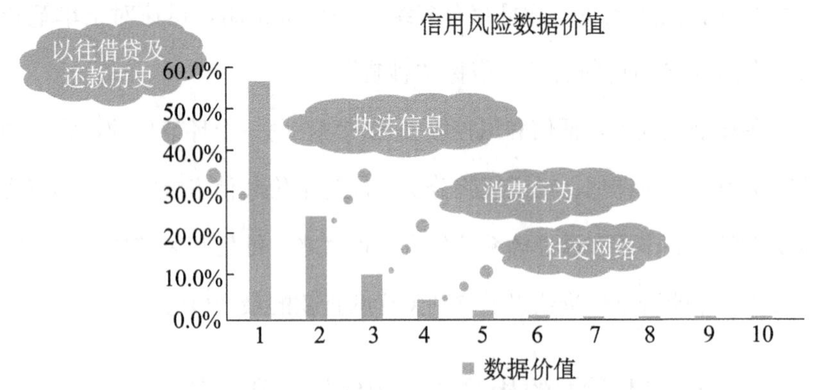

图 10－7　信用风险的数据价值二八法则示意

如果从征信的核心职能信用评估和预测来看，要实现这个目标的数据价值，二八法则通常是这样分配的。

首先，最重要的数据是以往借贷及还款历史，也就是传统意义上的央行征信数据，这部分数据的总体重要性达到 60%，在贷款审批应用的时候占比甚至可达 80%。其次，是执法方面的信息，执法信息是对前者的补充，通常不由债务本身体现，而是通过其他行为来体现。然后，是消费行为——在哪里、什么时间、购买什么商品，商品价格多少，等等。

关于消费行为数据对于信用风险的价值补充，可以举一个真实的案例加以说明。Experian 曾经在 Visa 的全量消费数据——从几百个维度对消费行为进行分析和提炼而形成——的基础之上，结合传统的信贷数据构建信用风险模型。结果显示，假设仅通过交易行为数据，我们可以构建精准度 60 分左右的信用风险模型，那么仅通过传统征信数据，我们则可以构建 85 分左右的模型。如果将两种数据结合起来构建模型呢？从总体上看，大致能从 85 分提高到 87 分，这说明消费行为的数据对征信体系在信用风险方面的补充作用很弱，这主要是因为借贷及还款历史数据的存在，基于这一核心数据，其他数据源的边际效应是非常弱的。

但是，由于数据的动态性非常强，在不同的应用场景下会有不同的价值。比如当一个人没有任何借贷记录的时候，通过借记卡、第三方支付应用等形成的消费行为对于征信而言就会更加重要。所以，必须要能够基于不同的应用场景来选取最核心和有价值的数据，在获取核心数据之后，必须具备有效且高效的数据分析手段，才能够发挥其价值。

概而言之，即“应用定义数据，分析决定价值”。

六、征信大数据模型及其构建

（一）征信大数据模型分类

根据历史数据的可使用程度和标准化程度，大数据征信模型可以分为通用数据驱动模型、数据加经验专家模板模型、定制数据驱动模型等。根据模型的应用，可区分为市场型、风险型、欺诈型、价格型、收入利润型等。模型的预测性和关联性非常重要，关联性让我们知其然，预测性让我们知其所以然，我们要明确辨别哪些是关联性，以及哪些关联性是偶然的、哪些关联性是必然的，只有更加趋向于必然的关联性才是真正有价值的实用化模型的基础。

信用风险模型经历了几十年的考验，依然在不断更新迭代。这类模型对逻辑性的要求非常高，即对可解释性的要求非常高，也就是不仅要知其然，还要知其所以然。这是因为最后要通过一系列的模型来预测一笔贷款申请的未来违约率，然后决定是否发放贷款和发放什么样的贷款产品，以及相应的偿还计划。

如果信用风险模型无法解释，或者只是一个黑盒子，让银行等金融机构对其充分使用并且作为发放贷款的基础是比较难以接受的。此外，信用风险模型在监管和消费者权益方面也需要有良好的解释方法，否则对银行等金融机构的声誉会有影响，尤其在产生异议和纠纷的时候。

为了保证模型的可解释性，通常是在线性逻辑回归算法的核心基础上叠加非线性的建模手段。而且，信用风险模型对历史数据要求非常高，模型的生命周期通常也要求在 2 年以上。除此之外，信用风险模型在稳定性、敏感性和标准化上也有着非常高的要求。总的来说，信用风险模型在征信的系列模型中要求最高。

违约损失率模型也是信用风险模型的一种，其基本框架由巴塞尔新资本协议内部评级法，也是中国银监会 2012 年颁布的《商业银行资本管理办法（试行）》的三个核心参数构成——违约概率（Probability of Default，PD）、违约损失（Loss Given Default，LGD）、损失暴露（Exposure at Default，EAD）。违约概率模型应用违约概率转换矩阵、马尔可夫链和多元逻辑回归法来处理。违约损失模型用于评估出现违约风险时的损失情况，与押品的处置能力等有关，通常应用线性回归来处理。损失暴露模型通常应用经验计算法则来处理。如图 10－8、图 10－9 所示。

$$\begin{bmatrix} C\text{-}29 \\ 30\text{-}119 \\ 120\text{-}179 \\ 180+ \\ PPMT \end{bmatrix}_t^T X \begin{bmatrix} 1{=}{>}1 & 1{=}{>}2 & 1{=}{>}3 & 1{=}{>}4 & 1{=}{>}5 \\ 2{=}{>}1 & 2{=}{>}2 & 2{=}{>}3 & 2{=}{>}4 & 2{=}{>}5 \\ 3{=}{>}1 & 3{=}{>}2 & 3{=}{>}3 & 3{=}{>}4 & 3{=}{>}5 \\ 4{=}{>}1 & 4{=}{>}2 & 4{=}{>}3 & 4{=}{>}4 & 4{=}{>}5 \\ 0 & 0 & 0 & 0 & 1 \end{bmatrix}_{t,t+1} = \begin{bmatrix} C\text{-}29 \\ 30\text{-}119 \\ 120\text{-}179 \\ 180+ \\ PPMT \end{bmatrix}_{t+1}^T$$

图 10－8　违约概率模型

i) EADCollateral ＝ Unpaid Principal Balance (UPB) fixed from the start-point portfolio observation11

ii) EADTotal ＝ UPB ＋ (0.15 ∗ UPB) ＋ Accrued Lost Interest

图 10－9　损失暴露模型

欺诈模型和风险模型则有所不同，它对实时性、准确性和自适应性要求很高，相较风险模型而言，对其逻辑上的可解释性要求低一些。但是，由于欺诈是人为造成的非正常情况，除了从数据的表象中甄别异常模式，如果还需要进一步预测尚未发生的欺诈行为，则需要更加深入地研究和解释欺诈的成因。因为优良的欺诈模型会呈现出很强的因果关系，从而帮助我们找到关联的必然性和规律性，去掉可能会带来预测失灵的偶然性关联，当然发现欺诈的规律性也是非常有难度的。欺诈模型通常对历史数据的要求不高，近期快速更新迭代的数据会更加有效，所以欺诈模型的生命周期相对略短，通常在 1 年左右，甚至更短。

市场营销模型通常是抛弃型模型，不需要太长时间进行验证和校准，更新换代的速度非常快，因为很多市场行为是比较短期的行为，市场投放的测试就更加短暂。在这种建模的体系下，几乎每天都要训练成百甚至上千个基础模型，训练出来就投入应用，其性能的精准性就显得不是那么重要，而且通常过几个月就需要重新构建，对可解释性的要求也不高。

在大数据营销等成本较低的场景，这类模型是可以胜任的，适当牺牲精度对于营销的影响不大；但是在银行精准营销这种成本较高、对精度要求很高的应用场景，这种抛弃型模型就不适用了，而要应用较为复杂的精准营销模型。营销模型的预测变量通常是精准营销目标、营销响应等，更多的是巧合类关联，而非因果关系。

此外，保险理赔和价格优化模型的应用也十分广泛，保险理赔关注收益的多少和周期的长短，价格优化模型关注用多少钱、做多少事、达成什么目标。在此就不一一赘述。

（二）模型评分策略体系

模型评分策略体系由五大核心模块/环节构成。第一个环节，业务咨询、数据梳理及风险剖析。只有界定清楚问题、方向正确，才可能找到答案。第二个环节，数据清理、数据整合、数据分析。这是一个技术性环节，需要在正确方向的引导下进行，否则后面的步骤将会失去意义，成为比较盲目的探索。第三个环节更有趣，数据特征、矢量提取、指标体系。打个比方，厨师需要根据菜品的要求，设计原材料库，库设计得好，做不同菜品时效率就会高。第四个环节，综合建模、策略研发、迭代平台。这个环节有一套完整的流程，要求模型有较强的适应性，能够满足不同应用的需求。第五个环节，模型策略、系统实施、监控调优。在金融领域，数据模型必须要通过以上核心环节才能够建立起来。如图10－10～图10－12所示。

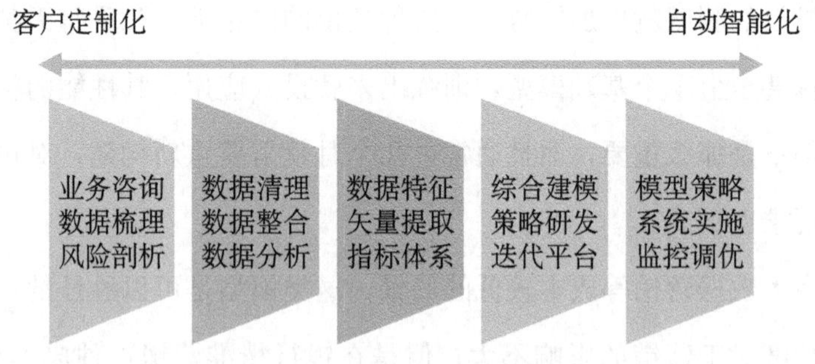

图10－10　模型评分策略体系

再回到数据和模型的关系。具体的应用场景定义数据，而分析决定数据的价值。我们一定要知道需要解决的是什么问题、应用在哪些方面，并且使用科学的方法，才能在不断迭代中提高数据的价值。

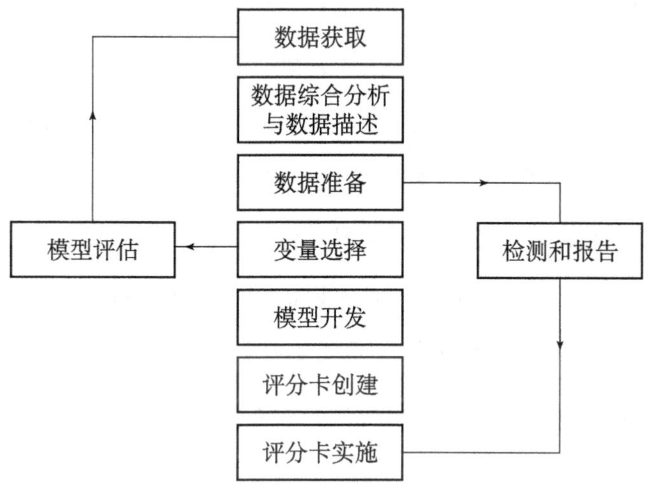

图 10－11　数据模型开发流程

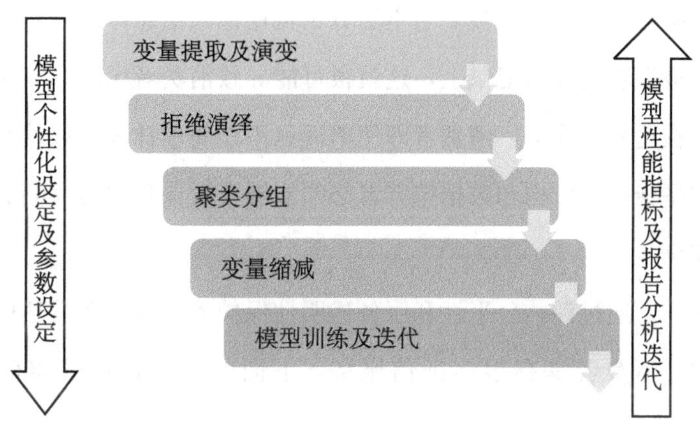

图 10－12　自动化和个性化相结合的综合建模策略研发平台

七、征信与消费者

对于大多数消费者来说，征信似乎和自己没有太大的关系；而对于另外一些消费者来说，他们在无法顺利贷款或信用卡申请遇到问题时，就会对征信机构产生一些抵触情绪。事实上，征信机构的职责之一是为消费者提供服务，在发达的征信体系中，征信机构能够为消费者提供很多服务，只是很多人并不清楚。

对征信而言，消费者很重要，所有的征信数据取之于消费者，最终也会服务于消费者。怎样服务呢？第一，要保证信息采集的合法性。信息采集的合法性和个人信息的保护目前在国内比较有争议，应该说还没有很清楚的法律界定，所以消费者不知道自己的信息什么时候被谁拿走了。到底哪些信息的采集是合法的、符合征信采集规范的，有关征信核心的信息又包括哪些，等等，确实是征信机构、央行需要重点考虑的。

第二，保证信息的真实性和安全性。真实性说起来简单，但是前面说过有各种欺诈的存在，当不法分子盗用他人信息，违约后仍会被记录在被盗者的征信记录上，这就很可能导致消费者无法顺利贷款等后果。在这种情况下，消费者即使申诉也不能简单抹去错误信息。安全性则是指征信机构和数据持有者必须能够有效保障数据存储和使用中的安全。

第三，通过评估公平性和服务透明性保护消费者。在发达的征信体系中，消费者享有很多征信服务，下面就一些常见的服务举例说明。

（1）Dispute，即对不准确信息的投诉、受理和修正。在国外，对申诉的时效要求非常严格，如果消费者不能在错误信息上报的 30～60 天内申诉，将会面临非常大的麻烦。

（2）Security，即消费者有权冻结或解冻对征信报告的查询。当消费者认为自己有可能受到侵害时，可以打电话给征信公司，明确说明不会以个人的名义去申请任何信用产品，这种情况下征信的信息可以得到完全的保护。

（3）Decline，即拒贷后的咨询服务。当贷款被拒绝，消费者可以向征信公司咨询贷款被拒的原因、如何通过调整自身行为来提高获贷能力等。

（4）Credit Monitoring，即信用的监控和信用风险的提升服务。征信公司可以告诉消费者其在同类人群中的风险有多高、怎样提高自己的信用等。

（5）Identity Protection，即第三方欺诈的防范服务。当消费者遇到第三方欺诈的时候可以获得补偿。

（6）Credit Access，即个人征信报告的查询。它和其他一些服务都是消费者应该享受的征信服务。征信公司的服务做得好不好，消费者是很重要的一个环节。

如今社会很多事情都离不开大数据，离不开征信。关于未来征信和大数据可能对社会产生怎样的影响，希望感兴趣的读者可以研究出更有意思的成果。

交流与问答

黄益平：原来我们设想，如果用大数据来做征信，最后可能做得最好的那一家胜出，其他的就不需要了，因为它的边际成本很低。根据您刚才介绍的，实际上对不同的区间、不同的时间、不同的客户，征信模型其实一直在变化，并不是做一个模型比较容易，大家就都做这个，其他的就没生意了。这意味着未来可能是相对分散化的征信系统，而不是一家独大。这样理解对吗？

杨子君：我确实认为数据的应用，不论在国内还是在国外发达国家，随着金融行为越来越丰富，会变得更加动态和丰富多彩。如果把征信服务定义得相对广义，风险、欺诈、市场营销都算，数据确实会变得比较多样化，不同的大数据公司之间会有一个分与合的过程。但我觉得还是会有一系列的公司来承载大数据和征信的服务，而这些公司之间的协调运作还是很重要的。来自不同源头的数据被采集之后，在核心的集散地汇聚，然后提供服务。美国的三个征信局就类似于集散地，比如 Experian 就接入了 Visa、万事达、LexisNexis 等机构的数据。这个模式可能比较科学，未来有可能这样发展，而且有了统一的合规和管理标准，用户也会感觉比较放心。

（整理：周心怡）

第11讲

DIGITAL FINANCE

网络借贷的发展与未来

2016年9月21日

张适时

张适时，人人友信集团 CEO，人人贷联合创始人。毕业于清华大学经济管理学院金融系，于 2010 年与合伙人共同创立专注于国内个人金融服务的人人贷公司，并在 2013 年带领人人贷母公司人人友信集团成功获得 1.3 亿美元融资，创同年全球互联网金融单笔融资纪录。2014 年，当选《福布斯》“中国 30 位 30 岁以下创业者”并成为当期封面人物，同年获选《财富》“中国 40 位 40 岁以下的商界精英”称号。2015 年，获评《中国新闻周刊》“影响中国 2015 年度新经济人物”称号。

过去的几年，中国互联网金融行业经历了快速发展，也经历了不少质疑。在我看来，互联网金融仍是未来 5～10 年金融市场上最朝气蓬勃的行业，也希望通过这一系列课程帮助大家更好地理解互联网金融。

我今天的演讲主要分为四个部分：第一部分，概括介绍个体网络借贷（P2P）到底是什么，包括在海外和国内发展的路径，以及 2016 年 8 月份出台的《网络借贷信息中介机构业务活动管理暂行办法》对行业发展的影响；第二部分，与大家分享一下人人贷在过去六年的发展历程和战略决策，并通过企业的缩影去看整个中国的 P2P 行业在过去几年里发生的变化；第三部分，多元化角度看 P2P。最后，和大家分享一下我个人对于未来 P2P 行业及整个互联网金融行业的展望。

一、什么是 P2P?

什么是 P2P？是网络借贷信息中介服务平台，或者叫网贷。它本身很重要的一点就是其平台的属性，在这个平台的两端，有相应的借款人和理财人。平台在这里的核心价值一方面在于撮合放款，另一方面则在于做风险管理。

其实民间借贷在中国自古以来一直都有，有上千年的发展历史。由于互联网金融的兴起，P2P 让交易碎片化或撮合匹配有效性低的问题在互联网上得到了解决，这也是 P2P 的核心初衷。借款人有资金需求的时候，会在平台上发起一个借款的请求，平台会对这个借款人进行相应的风险核实。通过风险核实的借款人，最终会公布给理财人，让理财人通过自己的理财投资需求，去把自己的钱借给这样一个借款人，借款人每个月需要去等额本息地还款。这其实就是 P2P 的基础交易结构与方式。

P2P 在模式上的优势是什么？其实优势就体现在借款人身上。我记得在 2010 年的时候，中国基本上没有信用借款这么一个词，如果走在大街上，你跟别人说你是做信用借款的，基本上大家都觉得你是骗子。但是随着 P2P 模式的兴起，信用借款这个行业近几年也真正发展起来了，因为它确实更便捷与高效。2010 年我们刚开始做这个业务的时候，一个借款人申请一笔借款，到他最终拿到钱的时间，一般是按工作日算的，当时大概是 3～5 个工作日。但今时今日，借款人从申请到最后拿到钱的时间，可能已经可以按分钟计算了。

P2P 的业务发展其实还处于数据化积累的阶段。从理财的角度看，国内整个理财的市场需求是旺盛的，但是理财途径是匮乏的。过去大家想到的基本理财途径要么就是买房，要么就是炒股票，除此之外可能没有了。固定收益理财也是 P2P 做起来之后，近几年才开始成为大家心目中的收益方式之一。当然现在收益的方式越来越多了，无论是基金、保险还是信托，都在形成更多的固定收益产品。

P2P 的缘起是 2005 年，在英国成立了一家叫 Zopa 的公司，应该算是第一家 P2P 公司，距今差不多已有 12 年的时间。后来美国的 Prosper 作为一个线上平台发展得也非常迅速。还有一个是后来迅速崛起的 Lending Club，2006 年成立，在 2014 年上市。

国内来看，在 2010 年的时候，整个行业的平台数量还是比较少的。当时应该就是十几家的规模，每年的成交额大概在十多亿元的水平。到了 2015 年，整个行业的平台数量增加很多。P2P 作为一个金融业务兴起，一定有它内在的原因，最根本的是整个个人金融服务的缺失。2015 年，全国个人总体持有的可投资资产规模达到 112 万亿人民币。这里面有大量的钱主要是在现金存款领域。当时除了银行理财产品以外，其他收益类产品仅仅占到一个比较小的份额，这是整个中国财富的现状。而在借款端有一个重要的组成是小微企业，小微企业对整个中国 GDP 的贡献还是蛮大的，大概对 GDP 的贡献在 60%，税收在 50%，创造收益在 80%，而它获得的银行贷款却是非常少的，大概只有 20%。

很多人会问一个问题：一个看似在美国发展得相对不温不火的行业，为什么会在中国发展得这么快？我们回过头来仔细看，会发现美国的 P2P 和中国的 P2P 虽然交易结构是类似的，但是背后解决的金融需求却是不一样的。在美国，个人的信贷发展是比较成熟的，居民的整体负债水平也比较高。那么他们的 P2P 解决的是什么问题呢？如果去翻阅 Lending Club 的报告的话，大家会发现他们 70%以上的资金用途都是债务重组。

美国的 P2P 尝试过两种商业模式，一种就是最开始 Prosper 尝试的，对目标用户没有 FICO 信用分（美国个人消费信用评估公司开发的一种个人信用评级法）的要求，当时他们相信高风险只要匹配高收益就可以了，而低风险会匹配低收益。但是这个想法在 2008 年金融危机的时候，被证明是错误的。为什么是错误的？因为一个高信用的人群在互联网上的信用表现和在线下的信用表现是类似的，但是一个低信用的人群在互联网上的表现和线下的信用表现是有差距的，而且差距很大。当时的实践证明了一点，在互联网端做信用偏差的人群，起码当时在美国没有走通。

另一种模式就是债务重组。债务重组的价值在哪里？大家知道中国目前的信用卡利率还是比较低的。基本上讲，银监会将其限制在年化 18%左右的水平。但是在美国，整体的信用卡利率的平均水平是超过 20%的。他们本身有一个风险定价的区间，有高有低。很多人在高负债的情况下，会希望能够通过一笔债务重组去减轻或是节约相应的成本，于是才有了债务重组的业务。比如说在香港读书的同学会发现，不同的银行会打电话跟你说，我借你钱，7%的利率，你把你另一家银行的信用卡欠款给还掉。其实银行是很传统地在做这样一个 Balance Transfer（信用卡余额代偿），这是银行做的标准化业务。

但其实这个业务仍然不成体系。当时 Lending Club 和 Prosper 在这里面起到一个很重要的作用，就是批量化地把其他银行信用卡的客户中负债率比较高、信用又比较好的找过来，匹配给后面的投资人。最开始，投资人个人居多，后面出现大量包括银行在内的机构投资人介入，去买这样的资产。

所以，我们在看整个 Lending Club 的主营业务时，会发现它是这样一个平台：借款人一方，其实是一个个在银行信用卡里负债的人；而这边的买方，是一拨银行或金融机构。这里面有一个利差，它们在做的其实就是这么一个空间。所以，我们可以理解，海外很多 P2P 业务的核心，就是信用卡余额代偿业务。

中国的 P2P 与国外相比是有不一样的政策环境和基础氛围的。一来美国有完善的征信体系，基本上你可以理解 Lending Club 上所有的分数，都是依据完善的征信体系得出的。但是中国迄今为止没有一个完善的征信体系。1999 年的时候，中国的个人征信库开始搭建，2005 年，所有的银行开始把数据往里汇集，直到今天。银行往里汇集的数据主要包括几个来源，比如信用卡数据、信贷服务（车贷、房贷）数据。这是最早的数据，也是中国的信用体系的基础。

另外一点，在中国发展互联网金融的过程中赶上了一个很好的时间点，也就是整个互联网和移动互联网的快速发展。在过去的 5 年间，形态发生了很大的变化。在中国市场，由于整个信用体系发展不如美国那么发达，但是又有一拨人需要钱，于是通过 P2P 的模式把钱借给他们，这其实就是在做这些人的第一笔业务贷款。

中国市场还存在一定的信息不对称问题。由于征信体系的不完善，企业在里面做了大量的工作。开始的时候，企业通过线下的方式去核实借款人的信息，后来通过电话核实。发展到现在，平台多以数据化为主的方式来建立风险管理机制，这是中国 P2P 行业的发展背景。

2016 年 8 月 24 日，银监会正式对网贷信息中介机构，也就是

P2P 平台，给出明确的定义，第一点就是说 P2P 是一个信息中介。信息中介跟信用中介是有区别的，信息中介是一个平台，是交易的撮合者，不应该碰到钱，不应该有资金池。信用中介其实是我在给你承担风险，不论是流动风险还是信用风险的一个错配。

监管细则的出台其实深刻地影响着这个行业。

第一，要求所有的 P2P 机构与银行进行资金存管。大家看到，在过去这么长的时间里，其实 P2P 行业本身是有两个核心风险的，第一个是道德风险，第二个才是经营与市场的风险。但是我们可以看到，过往很多大案更多的是因为道德风险。就是说平台募到钱之后，我告诉你资金流向 A，实际上去了 B，这个 B 有可能是自己的口袋。

那么，资金存管能解决什么样的问题呢？以人人贷与中国民生银行的资金存管为例，我们的存管模式有三个要点：一是用户资金自交易之初就在银行体系内运转，避免了资金池；二是银行对用户的账户进行独立的管理和簿记；三是用户的交易密码由银行管理，平台无法触碰。在我们看来，银行资金存管的好处是，平台即使想做一些不道德的行为，也是无能为力的，这就最大限度地避免了平台的道德风险。这其实是资金存管很重要的一点。

第二，坚持小额分散的定位。在新的监管细则当中有一点是很受关注的，就是单个平台对单个借款人的额度限制不能超过 20 万元，同一个借款人在多个平台的借款额度不能超过 100 万元。对企业来讲，单个企业在单个平台的借款额不能超过 100 万元，单个企业在多个平台上的借款额不能超过 500 万元。从这条细则传递出的信息来看，P2P 平台本身还是需要跟银行有相应的互补，坚持小额分散的定位。

第三，不允许平台的资金端，也就是理财业务，通过线下推广。在行业发展之初，很多人可能会采用不一样的交易结构，比如线下直接找理财人，等等。但是这样的线下推广行为被监管所明令禁止了。

监管细则的落地对整个P2P行业产生了很大的影响。原因在于，仅从银行资金存管的硬性要求来看，目前真正完成的平台不到1%。而在我们看来，整改期限过后，能完成银行资金存管的平台数量也是非常有限的。

除此之外，其实监管对于这块业务背后的核心商业逻辑的理解是非常正确的。在我们看来，国家出台这样的规定不是简单限制你不能做什么，而是从整个商业模型来讲，有很多业务P2P平台是做不了的，这其实是背后真正的核心。

二、人人贷的故事

我们有三位联合创始人，我是清华的，另外两人是北大的。我是85年的，另外两人都是84年的，比我大一届。其中一人叫李欣贺，我认识李欣贺的时候，应该是在2009年初，在香港一个朋友的满月席上，我们坐在隔壁，就认识了。我人生第一次在这种场合和别人搭讪，看来还是有成绩的，找到了非常重要的合作伙伴。之后通过欣贺认识了杨一夫，我们三个人理念比较一致，大家认为应该在一起做一些有价值的事情。2009年，我们一起看了一年的项目，最后选择了P2P这个行业。

作为一个学金融的，在当时想去做创业这件事情，其实是很不现实的。几乎没人会做这种选择。因为对大家来讲，有两个问题，一是机会成本太高了，清华经管学院的毕业生，毕业后进入公司工作的收人普遍很高。二是说起做金融，大家的第一反应就是做银行、做保险。在这个过程中，其实你想创业做一家公司是不太现实的。但 P2P 这样一个项目在当时很吸引我的是，它处于一个起步阶段，没有人做。这个商业模式，可以让我们这样白手起家的人，突破各种资源和资质局限，把服务覆盖到全国，去跟市面上的金融巨头直接竞争。所以这件事情让我们觉得还是蛮兴奋的。

正如我们所说，在选择一件事情的过程中，选择一个行业很重要。在我看来，前几年都是一些学习的成本，你不用去考虑它的经济回报，因为在这个领域，如果你认定你愿意走一辈子，你付出的任何努力都不会白费，无论这次创业是否成功。最终来讲，这些沉淀都会伴随你一生。

我们是在 2009 年底想要做这个项目，因为了解到海外有相关的实践。所以，我们在 2010 年 4 月成立了人人贷，在 2010 年底上线。

我记得很清楚，我们第一批流量是跟当时一个信用卡的食品网站合作的。当时没有钱打广告，就说拉过来一个客户给它多少钱。为了第一笔借款，我们几个人聊了很久，可能有几个小时，最后觉得这个人还是靠谱的，可以放款。这个用户是一个山东的小生意人，借 1 万元，12 个月的还款周期。我们心里一开始是很焦虑的，因为我自己也很害怕互联网借款到底会怎么样，但后来看结果是好的。

在当时很原始的情况下，确实没有任何的数据基础。中国当时是什么状态呢？就是征信信息很匮乏，用户的信息基本上只能用肉眼看，靠肉眼去识别他所有的材料。所以当时的成本是比较高的，这是当时的水平。经营了一段时间之后，我们决定搭配一个线下的团队，去对借款人的整个风险进行核实并做相应的后续跟进。2011 年，我们确定启动整个线下的风险核实团队。很有意思的是，现在这种通过互联网线上结合线下风险核实的模式几乎成了行业内头部机构的基本结构。

在这个过程中，其实我们会一直去总结复盘，思考人人贷在整个发展历程中的战略决策。回头看来让我们最欣慰的，是很多我们认为不对的事情，我们坚持不去做。

第一件事情，是 2015 年的时候，股市很火，有人问我，做不做股票配资业务。当时这件事情我们没有做。但在当时这是非常火的业务，很多 P2P 平台都做了配资。先进去做的，基本上一个月就能把亏的钱挣回来，已经疯狂到这种程度。基本每一个进去做的都很赚钱。但是到最后一个月的时候，股市开始崩盘，整个资金链断掉了，很多企业就垮了。当时我们没有做这件事情的原因是什么？为什么那么赚钱，而不去做它？在我们看来，第一，这个业务的合规性风险很大。第二，过度的股票配资，当初的市场甚至有人提供 10 倍额度的配资，就像是为用户提供了一个赌场，真正懂金融的人，都知道这样的赌场里是没有赢家的，虽然经营业务的公司本身风险可控，但是最终用户都会赔得一干二净，在我们看来，以伤害用户利益而获取利益的方式，背离了我们经营企业的价值观初衷。

我们没有去做的第二件事情，是校园贷款。在 2016 年刚开始的时候，它依然很火。当时为什么没有碰校园贷款业务呢？当时的想法还是蛮简单的，因为校园贷款业务基本上是一些学生 3C 的分期，初衷是帮助这些学生过上更好的生活。但是很多时候，学生的自制力，以及自己对自己的偿还能力的认知，都不够清晰，最终带来了大量问题。比如有一些人拆东墙补西墙，把问题变得很大，大家也看到很多这种负面新闻。另外很多人把它们抛给家长，也带来很大的负面效应。所以这件事情，我们没有去碰。

第三个没有做的事情就是过度追求发展速度。过去两三年行业过热，有些浮躁，一些不具备经营能力的机构大量进入，导致资产质量变差和过度负债的问题愈加突出，许多规模化的平台为追求资产规模而忽视资产质量，其自身的风控体系和技术相对薄弱甚至缺失，当这部分资产进入还款期后，质量较差的资产的违约率会比较高。我们提早看到行业的潜在问题，并没有选择"跑马圈地"式的扩张，而是主动调整战略，适当控制业务扩张速度，转而以提高资产质量，将精力用于合规性建设和风险应对能力的投入中，使得我们在合规性方面做到行业领先地位。

从 2010 年至今，人人贷累积了大约 300 万用户，成交金额接近 300 亿元。这几年已经实现了收益在 19.2 亿元的水平，背后大概是 2 200万次撮合，所以每一笔交易的背后，应该都有大概 70 次的投标。基本上讲是这样的分散度。

关于线上的交易结构，在 P2P 最开始的时候，其实是散标式的交易结构，之后有很多用户感到苦恼。一个苦恼在于其烦琐的过程，因为个人的借款金额本身是等额本息的，当理财人要把这样一个标的进行分散的话，比如把 1 万元分散给 100 个人，那每个月就有 100 笔的回款，要把这些钱再投出去，需要很烦琐的管理过程。后来也是在 2012 年底的时候，我们开始搭建 U 计划产品，构建一个自动投标做债权转让的工具。

对用户来讲，这个工具本身能帮你实现什么？第一，帮助你投，就是你自己设定一个条件，去投另外一个标的。第二，到期的时候，会帮你卖掉这个债权，卖给平台上的其他人，但是如果卖不掉，最后的流动性风险是由用户自己承担的。

另外就是银行资金存管。跟民生银行的合作是在 2016 年 2 月份上线的，就现在而言，用户在人人贷上的所有账户都有一个自己在民生银行对应的账户，这个密码只有用户自己知道，每次需要进行相应投资操作的时候，都需要输入交易密码，这些密码实际上等于是用户跟民生银行的交互，人人贷是触碰不到的，这也是我们当时做的一套资金存管方案。目前来讲，人人贷的资金存管模式是整个行业的标杆。

有一些数据可以跟大家分享一下，这些年人人贷的平均借款金额大概是 7.1 万元，平均借款期限 20 多个月，每个用户平均每月还款额大概是两三千，我们的平均理财额度大概是 6.7 万元。国内的话，借款人男性居多，在我们的平台上处于 3∶1的水平，跟行业平均水平差不多。公司授信人群很多是工作人群，与生意人群的比例是1∶1左右。中国人个人借款的用途大多还是生意方面的，现在公司里很多人借钱，也是用于自己其他的一些生意。甚至有些公务员借钱给亲戚用，比如亲戚做生意借不到钱等。在我看来，在实际的交易行为中，这种事情其实并不在少数。这是中国目前的一个状况，75%的借款是经营用途。

三、多元化角度看 P2P

刚才是从整个历史发展去看中国的 P2P，我不知道大家有没有去关注，什么是个人消费金融？其实宏观的个人消费金融是很大的。2014 年，中国的个人消费金融规模大概是 13 万亿元，那一年中国的

GDP大概是60万亿元，就是说个人金融除以整个GDP的渗透率大概在22%。而在一个成熟的金融体系里，消费金融占GDP的渗透率大概在40%～50%。由此我们可以预期，到2025年，假设中国GDP按照6%～7%增长，如果个人消费金融能达到40%的渗透率，那么，届时中国的消费金融规模将是约50万亿元的水平。

在广义的个人消费金融中，比例一般是这么构成的：75%是房屋按揭，5%是车贷，10%是信用卡，还有10%是一般性的消费信贷（信用贷款、培训、3C等消费分期，等等）。

首先，75%的房，这里绝大多数的资产是按揭，按揭资产拼的是互联网手段吗？不是，拼的是资金成本。基本上市面上只要有贷款，基准利率就会打折，就会有按揭房产，因为按揭房产的风险确实很低，这也是市面上最便宜的一块业务，目前由银行提供服务。

其次，5%的车，应该由谁提供服务呢？车的主要服务商其实有两块，一块是主机厂商，大家听说过的所谓宝马金融、通用金融或者奔驰金融就是做这块业务的。主机厂商的优势在哪里？大家知道它的第一个优势在于利益导流，我卖车，我也有金融，金融是为了更好地卖车，卖车也可以把利益分给金融。第二个优势，就是在海外，金融公司是有评级上限的，但是主机厂商的信用评级其实比金融公司还要高一点。主机厂商有天然的优势，它能拿到更低的资金成本，这也是为什么在过去那么多年里，主机厂商的金融业发展如此之好的一个原因。另外一块，就是包括像4S店等机构，在卖车的过程中对车的储值能力的预估是很清楚的。对金融公司来说，这块的预估压力很大，但是对4S店来说，其实有长期监控和预测，它知道自己的消化能力在哪里，只收那些它能卖掉的车，卖不掉的车它不会去做。

再次，10%的信用卡，其实大家会发现，信用卡是一个超高黏性的产品，以支付为核心来进行金融服务。我们可以看到市面上有很多互联网信贷产品，大家会比较，也有人把 P2P 和 BATJ[①] 的相关金融产品放在一起来进行比较。但实际上，例如阿里巴巴的借呗以及腾讯的微利贷，都是基于支付的信贷产品，它们真正去切的业务其实是信用卡这一块。信用卡这一块业务，有大量的支付功能，能带来用户黏性，有效进行变现。所以大家会发现，这一块的玩家在利率上惊人地一致，年化借款利率大概都在 12%～18%。所以，大家可以理解信用卡市场中，除了银行，BATJ 也是新玩家。

P2P 也好，消费金融公司也好，最后大家竞争的是 10%的一般性消费信贷。中国消费金融未来有 50 万亿元的市场，这里每一个资产本身都是有匹配度的，最终来说，哪一块是银行该做的、哪一块是 P2P 该做的，其实都是非常清晰的。

在我们看来，P2P 或者说互联网金融经历了过去几年的洗礼，很多市场已经慢慢形成更加明确的行业划分。

四、P2P 与互联网金融行业展望

刚才提到的个人消费金融版图里所有的业务，过去 3～5 年里基本上都被各种企业“洗”了一遍。未来互联网金融的发展会进入一个更加偏寡头的年代，今时今日再去切入互联网金融，许多垂直行业的门槛或成本都已经非常高了。但不论怎样，个人消费金融的规模一定是很大的，能清晰地看到 2025 年一定会超过 50 万亿元的规模，现在

① 指百度、阿里巴巴、腾讯、京东。

市场这一块还有很大的发展空间，而其中很多服务，最终要通过互联网的方式去体现。所以在我们看来，互联网金融在未来5～10年会有一个可预期、很稳定的发展，金融行业的人才也一定是非常稀缺的。

在多重因素的作用下，互联网金融行业的进入壁垒已经被高高筑起，而随着道德风险被有效地控制住，整个互联网金融行业即将进入下半场的"决胜局"。预计未来3～5年，行业将形成偏寡头的竞争格局，或许只有少数平台有机会进入"决赛"。对于人人贷来说，一方面因为这个市场足够大，还有不可小觑的增量市场空间可以成长；另一方面，人人贷在过往的积累过程中确实形成了很好的先发优势，包括数据、成本、风险指标等，这些优势在未来形成规模效应的过程中将会越来越显著。

（整理：张啸、周柏林）

第 12 讲

网络借贷及外围生态发展趋势

2016 年 10 月 14 日

徐红伟

徐红伟，网贷之家创始人，盈灿集团现任董事长兼总裁，广东互联网金融协会常务副会长，上海现代服务业联合会副会长，中国政法大学互联网金融创新与法制研究中心副主任，上海复旦大学 MSE（金融 IT 方向）教学顾问委员会委员。曾就职于世界 500 强企业宝钢中央研究院。主编《P2P 网贷投资手册》《网络借贷行业蓝皮书》《网贷平台运营手册》等多部专业书籍。

数字金融是一个非常有潜力的行业。当前，如果关注金融行业，就很难离开数字金融。互联网技术作为一种基础设施，现在已经成为像电一样最基本的存在之一，跟任何行业都会挂钩，所以数字金融的未来值得大家关注。

一、互联网技术为数字金融的发展奠定了基础

数字金融是如何发展起来的？要回答这一问题，首先需要了解我国互联网的发展历程。任何事物的发展都有其背景，在数字金融行业，真正做得比较好的多是 80 后，因为正是以 80 后为主的一代人经历了中国互联网的发展历程。1980 年出生的人，1998 年 18 周岁时正好上大学，而 1998 年差不多算是中国的互联网元年，搜狐就是在那一年成立的，后面陆续有了网易、腾讯、淘宝等。正是这一代人，从大学开始，经历了中国最原始的互联网发展，而这种经历对其在行业中的发展是非常重要的。

随着互联网的发展，京东、汽车电商、奢侈品电商等陆续出现，这背后折射出宅文化的盛行。互联网已经成为 80 后生活中的重要部分，他们的许多行为，如购物等，都已经互联网化了。现在他们如果想去买衣服或手机，基本不会再去实体店买。

那么更高业态的投融资行为，会通过什么途径来完成？肯定也是互联网。这也是支付宝、微信支付等这几年迅速崛起的原因。而当这样一个习惯使用互联网的人群成为整个社会财富的主体时，就可以自然地推断出他们的投融资行为必然也是通过互联网发生的。这就是数字金融兴起并发展的历史背景。

事实上，数据也验证了这一点。目前数字金融的主要 P2P 网站、股权众筹网站、比特币交易平台、互联网保险的主要参与者基本上都是 80 后，这也说明 80 后正在步入这个社会舞台的中央，而这正是数字金融崛起的大背景。

二、P2P 崛起的社会背景及其交易结构

个体网络借贷（P2P）崛起的社会背景在于随着互联网的发展，P2P 相比传统银行能大大提高效率，降低运营成本，从而给资金启动方、出借人更高的回报。

P2P 的本质其实是 21 世纪不需要资金池的银行。银行运营的逻辑在于它的三个功能，第一是存，银行对出借人而言，能有效分散风险。如果储户要完成货币的保值增值，只能把钱存入银行中，因为储户如果选择把钱放在自己家里，是不可能保值增值的，他不太可能把自己的一点点小钱拿出去放债。第二是贷，银行对借款人而言，能帮助他们高效借款。银行面对广大储户，能够吸收大规模资金，满足借款人短时间获

得大额资金的需求。第三是汇，即银行还起着跨时间、跨空间的融通汇兑作用，银行汇兑业务的出现使得双方异地异时汇款成为现实。

随着 21 世纪互联网的发展，有人发现，银行的这几个功能利用互联网也可以完成，且不仅能提升便利性，还能摒弃银行的弊端。银行的弊端主要在于运营成本太高，包括人工费用、房租等。但是这些成本的消耗实际上对整个社会是无用的。用一句话总结银行的作用，就是把社会上富余的钱集合起来，给到需要钱的人。但如果通过互联网的话，这一作用的实现不再需要消耗这些实体成本也能完成，从而可以大大降低中间的运营成本。带来的好处就是能为资金启动方、出借人带来更高的回报。

这就是 P2P 发展起来的根本逻辑，即互联网去中心化后，能提高效率，降低成本。同时，交易结构也发生了一定的变化，原来的交易结构是先把出借人的钱以吸收存款的形式存到银行的金库里面，然后再等着借款人来借。但是 P2P 的交易结构完全改变了，它是先有借款人的需求，发布信息后找到出借人，然后再通过第三方支付快速地通过网络转账，集合成一笔钱，完成这个借款的撮合。P2P 实际上彻底解决了资金成本的闲置问题，是一种效率上的提升。

三、P2P 的发展历程及其平台分类

回顾 P2P 的发展历程，从全球来看，英国和美国的 P2P 是先于中国发展起来的。第一家 P2P 平台 Zopa 出现在英国，第二家 Prosper 出现在美国，后来全球第一家上市的 P2P 平台 Lending Club 也是美国的。从中国来看，中国的 P2P 鼻祖是拍拍贷，这种界定当年是有争议的，所以我在建立网贷之家的时候，定了一个范畴，明确 P2P 应该

是基于线上现金流和资金流，完全从线上完成的贷款。如果是在线下开门店，拿纸质协议签约，用线下 POS 机完成交易，这不应当属于 P2P。按照这样的定义，第一家确实是拍拍贷。

经过几年的发展，中国 P2P 的体量大概比全球其他地区所有的网贷额加起来还要大，原因与之前提到的行业背景息息相关。所以如果仔细看中国的 P2P 模式，会发现它与美国的模式不太一样。美国是严格的信息中介，主要的业务类型是替代信用卡的信用贷款，因为信用卡贷款的分期成本大概在百分之二十几，如果用 P2P 借款，大概可以降到 13%～14%，所以美国的 P2P 平台主要做的是信贷替代，而这和中国以借款为需求的形式完全不一样。

网络借贷在基于中国国情的情况下衍生出多种模式，下面我逐一介绍。

第一，根据垫付模式分类，可分为无垫付、担保、风险准备金、担保加风险准备金四种。无垫付模式的代表是拍拍贷，在中国信用体系不成熟的情况下，无垫付模式不受投资人青睐，发展受限。而担保模式的代表红岭创投在分析拍拍贷为何发展不利后发现，其根源在于对投资人的本金保护、风险保障没有到位，所以提出了担保模式。正是红岭创投的成立，开启了中国互联网金融的蓬勃发展。风险准备金模式的代表是人人贷，它是中国规模最大、知名度最高的网贷平台之一，在去担保的趋势下，风险准备金模式得到更广泛的使用。最后一种，担保加风险准备金模式，代表是积木盒子，其特点是有自有团队进行独立的尽职调查和风险评估的多重保障形式。

第二，根据扩张模式分类，可分为直营与加盟。直营类的代表是宜人贷，其优点在于对线下资源具有较强的控制力，缺点在于成本开销较大。加盟类的代表企业则是翼龙贷，其优点在于可实现资源共享，不受地域限制，缺点在于限制加盟商权限，管理烦琐，风控难度较大。

第三，根据平台功能分类，按照贷款类型可以分为个人信用贷款、房产抵押贷款、车辆抵押贷款。不同的平台聚焦的品类有所不同，利用的征信手段不一样，这也解释了为什么中国 P2P 平台数量如此巨大的原因，即中国没有一个能完整跨越全国的征信体系，导致中国的每一个县、每一个市都可以成立一家基于地方的 P2P 平台。许多从业者都在思考什么资产可以实现全国标准化。根据我们的统计，目前中国 P2P 平台的资产端品类可能超过 20 种，但是像房产抵押这样的根本走不通，因为不同地区的文件差异很大，难以标准化。比较顺利的是车辆抵押，因为车是相对标准化的。

第四，根据运营模式分类，可分为 P2P 全流程模式和 P2N 模式。P2P 全流程模式要求平台直接从事借款人、出借人开发以及交易的撮合，平台需承担多方工作，要跟进完整的资金流程。而随着竞争的加剧，逐渐出现了专攻某一方面的 P2N 运营模式平台，它们通常将寻找借款人和担保公司这两项专业性较强而复杂的工作交给专业的小额贷款公司或担保公司，平台不参与借款人的开发和本金垫付。

四、P2P 当前发展概况

接下来通过几个数据[①]为大家介绍一下 P2P 行业当前的发展概况。

---

① 本章以下内容在 2016 年 10 月 14 日的演讲内容基础之上，对数据进行了更新。

第一是 P2P 的单月成交量，2017 年 3 月，P2P 的单月成交量已达 2 508.43 亿元。可能乍一听 2 500 亿元好像挺多的，但是如果把这个数据放到整个金融行业来看，其实是很小的规模。将金融业细分，可分为银行、证券、信托等，而银行业是中国唯一突破 100 万亿元的行业，证券业大概是三四十万亿的规模，接下来的信托大概是十几万亿元。因为 P2P 对标的就是体量最大的银行业，所以现在的体量跟它未来可能的几十万亿的空间比起来，其实还很小。现在 P2P 全行业的体量，可能还抵不上一个海淀区某个支行的体量，主要原因在于 P2P 这一行业还在发展初期，公信力不足，导致很多人还处于观摩状态。但是我认为这一行业未来的发展空间会很大。

第二是各省市 P2P 成交情况。根据 2017 年 3 月的数据，成交量排名前五位的省市为北京、上海、广东、浙江、江苏，这些省市贷款余额分别为 3 274.44 亿元、2 285.77 亿元、1 714.61 亿元、722.75 亿元、346.78 亿元。

第三是 P2P 贷款余额，截至 2017 年 3 月底，P2P 行业贷款余额增至 9 209.66 亿元，环比 2 月底增加了 3.97%，同比增幅超过 170%。许多人可能会有疑惑，因为看很多新闻都感觉这个行业好像处于风雨飘摇中，可能快要倒闭了，怎么还会维持这么高的增长率呢？其实，减少的是平台的数量，但行业的成交量还维持着高速增长。

第四是 P2P 综合收益率，根据数据，2017 年 3 月，P2P 行业综合收益率为 9.41%，环比下降 10 个基点（1 个基点=0.01%），同比下降 222 个基点。从各平台的综合收益率分布来看，主流综合收益率区间仍分布在 8%～12%，平台占比为 54.23%；其次为综合收益率在 12%～18%的平台，占比为 29.72%；8%以下低息平台占比继续增加，为 12.06%；24%及以上的高息平台占比较上月小幅上升，为 0.13%。利率下降的原因在于有越来越多保守型的投资人进场，总量的增大提供了利率下降的可能性。

第五是正常运营 P2P 的平台数量。截至 2017 年 3 月底，正常运营平台数量为 2 281 家，相比 2 月减少了 54 家，同比减少 1 000 多家，去年同期正常运营平台数量超过 3 300 家。这是媒体最喜欢报道的数据，但是我必须指出，许多媒体只摘我们数据的一部分，常常说这个行业 40%的平台都倒掉了，那当然很多人都会认为这个平台很危险。但是其实仅仅看平台数量是没有很大意义的，必须得看这些平台所占的贷款量。其实，在倒闭的平台受损的人数和金额都不高，不超过 5%。这个话反过来推的意思就是，95%以上的人都赚了钱，95%以上的资金也赚了钱。随着监管的落地，这个行业主动退出的人在增加，也保障了平台的安全性。

第六是 P2P 平台参与人数。2017 年 3 月，P2P 行业的活跃投资人数、借款人数走势略有不同，其中投资人数为 419.82 万人，环比上升 7.48%；借款人数为 238.94 万人，环比上升 32.90%。投资人数增长趋缓正是说明很多人都被吓得不敢进来了，但是原来在里面的人，其实还在其中。这个人数并不大，单月投资人数也就是大概 400 万不到，如果算整年的话，也就是 1 000 万左右。跟我们整个中国十几亿人口相比，还是相对小的，我们认为这个行业正常的投资人数应该在两三个亿左右，这也从侧面说明了这一行业还有很大的发展空间。

五、P2P 平台新业务情况

随着行业的发展，许多 P2P 平台也在不断创新。资金端的创新空间其实不大，所以大部分平台都在资产端进行创新。很多平台出问题，也是因为对资产端的风控不到位。

目前，资产端主要可分为消费金融、供应链金融、融资租赁以及资产处置几种，下面简单介绍一下其交易模式。

首先是 P2P 消费金融模式。它以 P2P 平台为中心，消费者（借款人）通过 P2P 平台获得投资人的资金后，再去商家消费，购买产品或服务。

其次是 P2P 供应链金融模式。供应链金融指的是把金融架接到整个产业链的上下游，给关联交易方提供金融支持。平台寻找规模和实力兼具优势的核心企业，该核心企业在整个供应链金融中占据绝对地位，并且具有良好的履约能力和偿还能力。

再次是 P2P 融资租赁模式。从业务模式看，我国融资租赁企业的业务模式主要以售后回租、直接融资为主。这种模式其实已经被判了死刑，因为融资租赁的金额相对比较大，但是现在制度限定了 100 万～500 万元的上限。对于 P2P 平台来说，这个金额超标，所以不允许再采用这种模式了。

最后是 P2P 资产处置模式。随着经济结构的调整，中国的不良资产规模和不良率正在不断上升，未来不良资产处置市场空间会有提升。在中国整体不良资产规模上升的背景下，民间借贷市场的不良资产规模也在不断上升，这类不良资产主要来自小企业和个人。相比银行的不良资产，民间借贷领域的不良资产小额、分散，这为民间不良资产处置机构、互联网不良资产处置平台提供了广阔的二级市场空间。

六、P2P 外围生态服务发展趋势

如果 P2P 平台是舞台上的主角，那么配角也必不可少。这里的配角就是配套措施，即 P2P 的外围生态服务。不可否认，这种公司的数量会比 P2P 平台低一个数量级，但好处是它相对稳定。

如果将 P2P 外围生态服务进行分类的话，大概可以分为门户网站、网贷基金、垂直搜索引擎、网贷建站、资金存管、网贷征信、网贷评级、网贷技术支持。下面我将对其中的几种为大家介绍一下。

第一是门户网站。它主要为网贷人提供平等、公开、透明的网贷交流平台，使得对 P2P 行业平台基于可视化数据进行研究，以及对 P2P 行业平台相关信息进行搜集、整理、分类、评价成为可能，让投资人获得平台真实、全面的信息，并进行共享和传播。

第二是网贷基金。它主要通过将 P2P 平台的债权打包，将收益权转让给投资人。做网贷基金需要对行业非常了解，在具备一定的风控能力之后才能做这个事情，否则就相当于带着投资者去踩雷，踩雷之后很容易把自己炸死。但是它现在面临着一些政策问题，因为国家不允许债权再转让，所以交易结构需要进一步的优化设计。

第三是垂直搜索引擎。它提供专业的 P2P 借款端和投资端信息搜索、咨询和对比服务。垂直搜索引擎主要利用了“懒人投资”理念，对于一般的网贷投资人而言，并没有那么多时间和精力，也缺乏足够的专业知识去判断、研究每个 P2P 平台的风控水平、模式以及风险与投资收益之间的权衡，因此针对借款端和针对投资端的垂直搜索引擎也就应运而生了。

第四是网贷征信。征信的发展有助于降低 P2P 的风险，P2P 和征信联姻是我国 P2P 网贷行业健康发展的核心一步。当前国内民营个人征信市场已经开始有序“开闸”，大数据征信及分布式云征信模式得到了越来越多的关注和使用。

第五是网贷评级。它基于 P2P 行业百花齐放却又鱼龙混杂的局面，普通投资人难凭一己之力评判某一家 P2P 平台综合实力的强弱，也很难对 P2P 平台形形色色的宣传信息辨识真假，所以第三方网贷评级有助于规范 P2P 市场秩序，保护投资者利益。

除此之外，身份认证、法律服务、催收、风险服务商、电子合同票据等 P2P 外围生态服务目前也正伴随这个行业发展起来。

七、小结

首先，P2P 的本质其实是银行。既然是银行，就必然面临着严格的监管。只要提供金融服务，而且服务对象还是手无寸铁的老百姓，监管不严格是基本不可能的事情，否则极易引起社会动荡。

其次，P2P 行业未来发展潜力巨大，但我对它的发展绝不盲目乐观，因为只要从事金融行业，就面临着理论上的天花板。所以在这个行业内，不太可能出现像阿里巴巴或者京东这样在其所属电子商务领域 80%市场占有率的可能。所以这个行业未来可能会成为主要大集团的标配，主要重视供应链环节，未来可能会有很多家 P2P 平台，但是各自为政，互不竞争。中国的第一家 P2P 平台拍拍贷是 2007 年上线的，到今年正好十年，但是这个行业还是像婴幼儿一样，也就意味着这个行业后面还会面临很大的变化。但是不能仅仅用互联网的思维来预测这个行业，因为这个行业不可能是简单的指数级增长，它与政府管制、制度设计等有着千丝万缕的联系。

最后，P2P平台的发展确实产生了极大的价值，尤其对老百姓来说，这个行业可以提高理财收益。除此之外，P2P还起到了协助利率市场化与刚兑教育等。

总而言之，资本快速进入加速了P2P行业的洗牌，未来的行业平台数量将远低于现在的数量，但外围生态圈的维度会更深、更广。

交流与问答

提问：您说过网贷之家创立之初主要是投资者互相抱团取暖，自我保护，所以形成了现在这样的商业模式。您能详细讲讲当初怎么帮助投资者抱团取暖的吗？

徐红伟：先从我个人经历说起，我一开始从事的是钢铁行业，但其实一直都很关注金融行业的发展，所以我自己也购买了一些投资理财产品。一个偶然的机会，我关注到P2P这个行业。刚开始一片歌舞升平，年化30%以下的平台基本没有人看，我自己也是，基本都投40%以上年化的平台，现在听起来似乎很不可思议，但当时的事实却不断地强化这一点。但是在2013年就发生了平台跑路事件，投资人骤然意识到了P2P行业的风险所在。

当时，每个P2P平台上都有它独立的社群。由于它的平台属性，那里基本没有什么负面的东西存在，所以许多投资人就说，我们得找一个能说话的地方。因为这个需求所在，网贷之家就顺势成立了。所以网贷之家最开始的出发点就是一个可以供投资者相互交流和提供信息的平台。

成立社区后，我开始进一步做数据搜集。因为金融的本质其实就是数字，所以数据非常重要。

数据搜集后，我们还做了信息展示，就是非常简单地把百度上关于这个行业的新闻在我们的平台上整理展示一遍。

社区、数据、信息，这三者构成了网贷之家的雏形。

众人拾柴火焰高，一个人的能力是有限的，但是大家一起的力量是非常强大的。不断的信息聚集后，就会形成对一个平台比较完整的画像，从而帮助投资者进行有效的投资决策。

提问：能不能谈谈您对去担保化这个话题的看法?

徐红伟：去担保化这个话题，其实在我看来就是要听市场的，市场说了算。同时，去担保化也是有前提的，主要在于风险的管控，一是道德风险，二是业务风险。而中国去担保化去不了的一个核心原因，就是中国连道德风险都消除不掉。那么道德风险要怎么消除呢?要靠监管和司法。在把道德风险规避掉之后，留下的风险则是业务风险。业务风险可以通过第三方非常客观独立的机构对平台进行评价。但是由于这两个风险现在基本都无法消除，所以去担保化真是举步维艰。

（整理：杨亦枫、臧子明）

图书在版编目（CIP）数据

金融科技的中国时代：数字金融 12 讲/黄卓等主编 .—北京：中国人民大学出版社，2017.7

ISBN 978-7-300-24664-2

Ⅰ.①金… Ⅱ.①黄… Ⅲ.①数字技术－应用－金融－体系－研究－中国 Ⅳ.①F832.1-39

中国版本图书馆 CIP 数据核字（2017）第 144314 号

金融科技的中国时代

数字金融 12 讲

黄 卓 王海明 沈 艳 谢绚丽 主编

Jinrong Keji de Zhongguo Shidai

出版发行	中国人民大学出版社		
社　　址	北京中关村大街 31 号	**邮政编码**	100080
电　　话	010－62511242（总编室）		010－62511770（质管部）
	010－82501766（邮购部）		010－62514148（门市部）
	010－62515195（发行公司）		010－62515275（盗版举报）
网　　址	http://www.crup.com.cn		
经　　销	新华书店		
印　　刷	固安县铭成印刷有限公司		
开　　本	720 mm×1000 mm　1/16	**版　　次**	2017 年 7 月第 1 版
印　　张	16.75	**印　　次**	2024 年 6 月第 2 次印刷
字　　数	179 000	**定　　价**	79.80 元